Joseph Alexander Helfert

Fünfzig Jahre nach dem Wiener Kongresse von 1814-15

mit besonderem Hinblick auf die neuesten österreichischen Zustände

Joseph Alexander Helfert

Fünfzig Jahre nach dem Wiener Kongresse von 1814-15

mit besonderem Hinblick auf die neuesten österreichischen Zustände

ISBN/EAN: 9783743405608

Hergestellt in Europa, USA, Kanada, Australien, Japan

Cover: Foto ©ninafisch / pixelio.de

Manufactured and distributed by brebook publishing software (www.brebook.com)

Joseph Alexander Helfert

Fünfzig Jahre nach dem Wiener Kongresse von 1814-15

Fünfzig Jahre
nach dem
Wiener Congresse
von 1814—15.

Mit besonderem Hinblick auf die neuesten österreichischen Zustände.

Von

Jos. Alex. Freiherrn v. Helfert.

Wien 1865.

Verlag von Karl Czermak.

Fünfzig Jahre

nach dem

Wiener Congresse von 1814—15.

Fünfzig Jahre

nach dem

Wiener Congresse von 1814-15.

Mit besonderem Hinblick

auf die neuesten österreichischen Zustände.

Von

Joseph Alexander Freiherrn v. Helfert.

Wien 1865.

Verlag von Karl Czermak.

Inhalt.

1. Was dem Wiener Friedenswerke von 1815 eine so lange Dauer verschafft habe? ... 1
2. Friede unter den Fürsten, Unzufriedenheit unter den Völkern — Reaction — Das „Metternich'sche System" ... 12
3. Der deutsche Bund und dessen Verfassung ... 23
4. Legitimitäts-Princip und Nationalitäts-Princip ... 32
5. Das allgemeine Stimmrecht ... 41
6. Was an der Nationalitäts-Idee Wahres sei? ... 51
7. Die Nationalitäten und Oesterreich — Die Liberalen und das historische Recht — Die „ungarische Frage" ... 62
8. Die untern Donaugebiete und das dalmatinische Hinterland ... 84

1.

Mitten in dem unaufhörlichen Wechsel von Kriegserklärungen und Feldzügen, von Belagerungen und Schlachten, dann wieder von Waffenstillständen, von Schutz= und Trutzbündnissen, von diplomatischen Verwicklungen, der den äußeren Ablauf der Weltgeschichte in dessen großen Zügen kennzeichnet, ist es ein erquickendes Gefühl, ausnahmsweise auf Zeiträume zu treffen, wo der Friede unter den Völkern seinen milden Scepter walten läßt. Wer vermöchte sich des Eindruckes jenes ganz eigenthümlichen Behagens zu erwehren, das die ersten Seiten von Gibbon's und die Einleitung zu Guicciardini's großen Geschichtswerken über das Gemüth des empfänglichen Lesers ausbreiten? „Durch einen langen Zeitraum von drei und vierzig Jahren", sagt der Brite, „hielten Hadrian und die beiden Antonine an dem Streben fest, die Würde des Reiches aufrecht zu halten, ohne eine Erweiterung von dessen Gränzen zu versuchen, und wenn wir einige unbedeutende Feindseligkeiten ausnehmen, die dazu dienten, die Legionen an den Gränzen zu beschäftigen, so bieten die Regierungen dieser Kaiser das schöne Schauspiel allgemeinen Friedens." Und der berühmte Florentiner schildert uns mit wenigen aber bezeichnenden Strichen, wie Lorenzo von Medici, Ferdinando von Arragonien und Lodovico Sforza, von dem gleichen Streben nach Erhaltung des Friedens unter den Staaten Italiens erfüllt, der Halbinsel eine Reihe glücklicher Jahre schenkten, deren sich dieselbe seit Jahrhunderten nicht zu erfreuen hatte, da Arbeitsamkeit und Bürgerfleiß „nicht weniger in den bergigsten und unfruchtbarsten Gegenden, als in den gesegnetsten Ebenen und Landstrichen" herrschten; da der Handel blühte und der Wohlstand sich mehrte; da die Fürstenhöfe geschmackvollen Prunk entfalteten und die Städte an Glanz und Reichthum miteinander wetteiferten; da die öffentlichen Angelegenheiten, von erfahrenen Männern geleitet, gediehen und Künste und Wissenschaften jeder Art gepflegt wurden; da es endlich selbst an Kriegsruhm nicht fehlte, was aber der innern Eintracht und Wohlfahrt der zu einem gemeinsamen Bunde vereinigten Staaten keinen Eintrag machte.

Unwillkürlich tritt dem Leser dieser Stellen der Zustand des europäischen Festlandes vor den Sinn, der auf den Abschluß des Wiener Congresses und des zweiten Pariser Friedens folgte. Wohl fehlte es in dem fast vierzigjährigen Zeitraume von 1815 bis zum Ausbruche des letzten orientalischen Krieges nicht an gewaltsamen Erschütterungen der verschiedensten Art. Die Revolutionen von Neapel und Sicilien, von Portugal, von Piemont in den Jahren 1820 und 1821, die Erhebung von Griechenland und dessen Lostrennung von dem türkischen Reiche, die Juli-Revolution in Frankreich und die Stürme, welche darauf in den mittleren und kleineren Staaten Deutschlands folgten, die Lostrennung Belgiens von Holland, die polnische Revolution, der langjährige Bürgerkrieg in Spanien, der Sturz des Hauses Orleans und die gewaltige Erschütterung aller Staaten des mittleren Europa 1848 und 1849, alles das fällt in die Zeit jener vierzig Jahre, deren beruhigte und gesicherte Weltlage man als die Frucht des großartigsten Friedenswerkes, das die Weltgeschichte kennt, zu preisen pflegt. Und man ist damit nicht im Unrecht! Denn so gewaltsam und blutig, so folgenschwer und tiefgreifend viele jener Wandelungen waren, der allgemeine Friede zwischen den Hauptstaaten von Europa wurde nicht erschüttert, die allgemeine Grundlage des politischen Systems, das der Wiener Congreß geschaffen hatte, blieb anerkannt, und mit Ausnahme des in den Wirren des Jahres 1848 unternommenen Angriffskrieges des kleinen Piemont gegen den italienischen Besitzstand von Oesterreich, sind die diplomatischen Beziehungen der Mächte, die an dem Wiener Congresse theilgenommen hatten, nirgends feindselig gestört worden. Der berühmte Geschichtschreiber des französischen ersten Kaiserreiches spricht darum mit vollem Rechte von der europäischen Staatenordnung, „die der Wiener Congreß begründet hat und die eine der dauerhaftesten ist, die man zu sehen bekommen; denn mit Ausnahme von einigen Veränderungen hat sie sich durch einen Zeitraum von schon beinahe einem halben Jahrhundert behauptet."

Thiers nimmt, nach diesem Ausspruch zu schließen, den vom Wiener Congresse geschaffenen öffentlichen Zustand von Europa noch gegenwärtig als bestehend an. In diesem Puncte können wir ihm nicht beistimmen. Allerdings findet sich noch heute so mancher Anlaß, auf einzelne Bestimmungen des Wiener Congresses zurückzukommen. Angesichts der Zwistigkeiten zwischen Frankreich und der Schweiz wegen des Dappenthales wurden die Aussprüche der Wiener Friedensacte von beiden Theilen wiederholt angerufen und angestritten. Während des italienischen Feldzuges von 1859 und noch mehr nach demselben glaubte man den Anmaßungen Frankreichs den Artikel VIII der zwischen den Großmächten und Sardinien am 20. Mai 1815 getroffenen Uebereinkunft und den Artikel XCII der Schlußacte des Wiener Congresses, die für immerwährende Zeiten verbürgte Neutralität des Gebietes von Chablais und Faucigny betreffend, entgegenhalten zu müssen.

Im letzten Sommer kam, aus Anlaß des deutsch-dänischen Krieges, im britischen Parlamente die Frage in Anregung, ob sich England, in Folge der neuesten Politik Preußens gegen Dänemark nicht jener Gewährleistung enthoben zu betrachten habe, die es in den Verträgen von 1815 bezüglich des preußischen Besitzes sächsischer Gebietstheile mit übernommen habe. Der 7. Artikel des am 30. October zwischen Dänemark und den beiden deutschen Großmächten geschlossenen Friedens beruft sich hinsichtlich der sog. sujets mixtes ausdrücklich auf die Bestimmungen der Schlußacte des Wiener-Congresses. Allein so sehr sich die Reihe solcher Berufungen auf einzelne Artikel der Wiener Congreßacte, die man folglich noch heutzutage als giltig ansieht, vermehren ließe, im wesentlichen und Ganzen ist es nicht zu verkennen, daß das große Friedenswerk von 1815 und die öffentliche Ordnung der Dinge, die es geschaffen, seit dem Ausbruche des letzten orientalischen Krieges in seinen Grundlagen erschüttert sei.

Kaiser Napoleon III., der sich das Recht nimmt und es den Seinigen gewährt, Urtheile über außerfranzösische Dinge um so anstandsloser zu fällen, je sorgfältiger er es zu verhüten sucht, daß man von Frankreichs innerem Wesen und Zuständen den beschönigenden Schleier wegziehe, ist daher mit seiner Behauptung „des allmäligen Zerreißens des europäischen Fundamentalpactes" der Wahrheit ziemlich nahe gekommen, wenn man auch guten Grund hat, jenen andern, dem kategorischen Imperativstyle seines Oheims entlehnten Ausdruck: „Die Verträge von 1815 haben aufgehört zu existiren" nicht leichthin gelten zu lassen.

Wenn es sich nun aber frägt: was es denn am Ende gewesen sei, das dem Friedenswerke des Wiener Congresses eine so lange Dauer verschafft habe, so ist für's erste klar, daß es der eigentliche Inhalt der getroffenen Verabredungen nicht in allen Puncten war. In dieser Hinsicht ist vielmehr so mancher Mißgriff nachweisbar, auf den im Laufe der Jahre Strafe und Reue folgten. Ein sonst hellblickender Congreßschriftsteller preist die Schöpfung des vereinigten Königreichs der Niederlande als die Spitze politischer Weisheit[1]) und doch mußte kaum fünfzehn Jahre darnach die gewaltsame Losreißung der südlichen Provinzen von den nördlichen den Beweis liefern, daß ihre versuchte Einigung auf einem gründlichen Verkennen ihrer beiderseitigen Daseinsbedingungen beruht hatte.

Daß überhaupt ein Werk von so großer Ausdehnung wie die Wiener Friedensacte sowohl dem zeitgenössischen als dem späteren Urtheile Stoff zu

---

[1]) Pradt, Du Congrès de Vienne I. pag. 116 su. 127 su „L'acte le plus important que la politique ait encore conçu et exécuté pour le bien général de l'Europe est certainement la réunion de la Belgique et de la Hollande."

kritelnden Bemerkungen und Verbesserungsvorschlägen in Fülle bieten mußte, wird man begreiflich finden. „Um an einer Versammlung", sagt der Verfasser der europäischen Pentarchie, „welche bei der schwersten Verantwortung gegen ihre Staaten und Souveraine und daher bei der größten Schonung und gewissenhaftesten Berücksichtigung aller besondern Interessen, die riesenhafte Aufgabe hatte, die europäischen Angelegenheiten als ein Ganzes zu ordnen und einen Staatenbund zu stiften, welcher die Herrschaft des Rechts als seine Zukunft in sich tragen soll — es gehört keine sonderliche Geschicklichkeit und Bravour dazu, um an einer solchen Versammlung, an ihren Beschlüssen und Entscheidungen ungünstige Seiten aufzufinden und, ohne alles Eingehen in ihre Lage, Bestandtheile und Hindernisse, vielfachen Tadel gegen sie zu erheben." Einige Publicisten tadeln nicht weniger als das Ganze. Sie machen es nämlich dem Congreß zum Vorwurfe, daß er sich nicht, da er dies doch in der Hand gehabt, zum Erfassen und Ausführen eines einheitlichen politischen Gedankens aufgeschwungen, daß er nicht aus dem alten Europa ein neues gemacht habe. „Das politische Europa", sagt Pradt, „gleicht seinem größern Theile nach genau jenen alterthümlichen Städten, deren Grundriß ein Geschlecht von Menschen gezogen zu haben scheint, die der geraden Linie, der Luft und der Sonne gleich feindlich waren; man muß sich in die Vorstädte flüchten, um sich frei bewegen, hell sehen und leicht athmen zu können." Da hätte nun, meint man, der Congreß tüchtig aufräumen, das winklige gerade machen, den Kehricht aus Ecken und Löchern in den Fluß werfen, der Luft und der Sonne offenen Zutritt verschaffen sollen. Daß er dies nicht gethan, dessen sei er gerechterweise anzuklagen. „Der Unterschied der Congresse von Osnabrück und Münster gegen den von Wien besteht darin, daß jener eine Ordnung schuf, wohingegen dieser nur Theile und Stückwerk zu Stande brachte; der eine führte ein festes und dauerhaftes Gebäude auf, der andere nur eine Art von Absteigequartier" ¹).

Allein hierauf ist zu erwiedern, daß der Wiener Congreß eine solche radicale Neugestaltung des alten Europa eben nicht in seiner Hand gehabt habe; daß er vielmehr hierin mit den größten Schwierigkeiten zu ringen, daß er die weitest auseinander gehenden Ansichten zu vermitteln, und daß er alles das nicht auf dem Wege von Schiedspruch oder Machtgebot, sondern durch den freien Willen der Träger der sich gegenseitig bekämpfenden Wünsche und Ansprüche zuwege zu bringen hatte. „Es ist nichts leichter", sagt Pertz treffend, „als die Bestimmungen wegen Polen, wegen Sachsen, wegen des Seelenschachers zu tadeln und über jeden dieser Punkte bessere Vorschläge zu machen, als ausgeführt worden sind. Es kam aber nicht darauf an vorzuschlagen, sondern zur Annahme zu bringen, und niemand war mächtig genug um vorzuschreiben, sondern selbst der Mächtigste

---
¹) Du congrès de Vienne I. pag. 112, 170.

mußte sich um die freie Zustimmung der übrigen bemühen"¹). Anstatt daher die Arbeit des Wiener Congresses mit vornehmem Achselzucken als ein Flickwerk herabzusetzen, muß man sie vielmehr als ein allseitiges Compromiß, um über Schwierigkeiten hinaus zu kommen die eine der andern entgegenstanden, zu würdigen verstehen.

Dabei ist nicht zu übersehen, daß so manches den Wiener Congreßverhandlungen zur Last geschrieben wird, was sie in Wahrheit gar nicht trifft. So haben z. B. wir Oesterreicher uns mit Recht darüber zu beklagen, daß man so viele wichtige Punkte, die, wie Prevesa und Butrinto, dem geflügelten Löwen von San Marco bis zuletzt unterworfen waren, anstatt sie zugleich mit der übrigen venetianischen Erbschaft zu behaupten, stillschweigend von der Pforte in Beschlag nehmen; daß man sich die von der einstigen Republik Ragusa zum eigenen Schutze gegen das übergreifende Venedig den Türken abgetretenen Landzungen von Klek und Sutorina aus den Händen winden ließ u. dgl. Das sind jedoch Versehen, die den österreichischen Staatsmännern, allein keineswegs den Wiener Congreßmännern zur Schuld fallen. Die Pforte gehörte bekanntlich nicht zu den Theilnehmern am Wiener Congresse, und konnte mit ihr daher über diese Angelegenheiten eben so wenig verhandelt werden, wie über das Schicksal Griechenlands oder über die Lage der christlichen Bevölkerung in den Donauprovinzen, was man gleichfalls unter den Unterlassungssünden des Wiener Congresses aufzuzählen pflegt²).

Kehren wir zu unserer früher aufgeworfenen Frage zurück, so mag es paradox klingen, allein es scheint uns nichts desto weniger wahr, daß gerade die vielfache Mangelhaftigkeit der meritorischen Bestimmungen des Wiener Congresses ihnen jene langjährige Achtung sicherte, die sie erst in der letzten Zeit gewaltsam und zwar auf demselben Wege einbüßten, der vor einem halben Jahrhundert zu ihrem Zustandekommen geführt hatte.

Unser scheinbares Paradoxon erklären wir, wie folgt: Was den Bestimmungen des Wiener Congresses inhaltlich zum Vorwurf gereichte, schlug denselben ursächlich zum Vortheile aus. Waren viele Köpfe nicht durch herrisches Gebot, sondern auf dem Wege der Vereinbarung unter einen

---

¹) Stein's Leben IV. S. 441 f. — Das gibt am Ende auch Pradt pag. 166 su. zu: „La cause n'était plus entière, même avant d'être entamée. Usant des privilèges des forts et des puissants, la Russie est arrivée au congrès avec le grand-duché de Varsovie, retenu d'avance pour elle. De son côté, l'Autriche s'était retenue l'Italie. La Prusse avait fait de même avec la Saxe. L'Angleterre n'aurait sûrement pas permis d'établir la discussion sur Malte, Helgoland, le cap de Bonne Espérance. Dans cet état de possessions mises pour ainsi dire hors de cause et les chefs du Congrès plaidant les mains garnies, celui-ci ne pouvait plus travailler avec liberté ni avec latitude, mais seulement sur une étoffe bien raccuorcie."

²) Siehe u. a. die pathetische Stelle bei Pertz, Stein's Leben IV. S. 302.

Hut zu bringen, so konnte das Ergebniß, objectiv betrachtet, in vielen Stücken nicht anders als lückenhaft ausfallen; dagegen hatte man für die Anerkennung desselben die Gegenseitigkeit des Forderns und Gewährens, die Wechselbeziehung zwischen dem Erwerbe hier und dem Zugeständnisse dort und umgekehrt, hatte man mit einem Worte die **vertragsmäßige Bürgschaft** als Grundlage des mühsam und langwierig zu Stande gekommenen Werkes gewonnen. Der Wiener Congreß war allerdings nicht in der Lage, alle Wünsche zu berücksichtigen, alle Ansprüche gelten zu lassen, allen Forderungen Gehör zu geben. Er ist auf das Verlangen des Malteserordens um Rückgabe seiner Mutterinsel oder Einräumung eines anderen Eilandes nicht eingegangen. Er hat auf das Begehren der Genueser nach Wiederherstellung ihres Freistaates mit der Anheimgabe ihrer Stadt und ihres Gebietes unter die Oberhoheit des Hauses von Savoyen geantwortet. Er hat die Verwahrung der deutschen Standesherren gegen die Einbuße ihrer früheren Reichsunmittelbarkeit einfach zu Protokoll genommen. Allein keinem jener Staatskörper, denen er, den geänderten Zeitverhältnissen gegenüber, Fähigkeit und Berechtigung zu politischem Dasein zuerkennen zu müssen glaubte, hat er Gewalt angethan. Auch dem kleinsten und unmächtigsten derselben hat er Gelegenheit gegeben, seine besonderen Interessen zur Geltung zu bringen[1]. Auch den größten und mächtigsten derselben hat er nicht Raum zu herrischem, rücksichtslosem Gebaren geschenkt. Ueber Beschluß des Congresses zog Preußen seine Truppen aus einem großen Theile von Sachsen, worauf es seit Monaten Beschlag gelegt hatte, wieder zurück. Ueber seinen Beschluß trat Alexander beträchtliche Gebietstheile des Herzogthums Warschau, das seine Heere über Jahr und Tag im ganzen Umfange besetzt hielten, an seine beiden Gränznachbarn ab. An die Stelle der niedergeworfenen Napoleonischen Zwingherrschaft setzte der Wiener Congreß das Verhältniß eines freien gleichberechtigten Staatenvereins, und wenn darin seine Schwäche lag hinsichtlich der Erreichung materieller Ziele, so lag darin seine Stärke hinsichtlich der Begründung und Verbürgung dessen, was ihm, wenn auch unvollkommener, zu erreichen glückte. „Der Wiener Congreß", sagt **Flassan** „darf nicht gleichgestellt werden so manchen andern Zusammenkünften solcher Art, die nichts boten als unfruchtbare Unterhandlungen oder zu keinem Abschlusse gediehene Erörterungen. Eine der hervorragendsten Eigenheiten dieses Congresses besteht darin, daß die Mehrzahl der Beschlüsse, die er faßte, von einer pünktlichen Ausführung begleitet waren, und zum größten Theile noch vor dessen Schlusse"[2].

---

[1] Die Theilung Sachsens kann nicht als Gegenbeweis angeführt werden. Man kann darüber streiten, ob der Congreß die Befugniß hatte, diesem Lande gegenüber von dem Eroberungsrechte Gebrauch zu machen; wenn er aber diese Befugniß hatte — und daß er sie habe, war eben der Standpunkt des Congresses —, so fällt die Lösung der sächsischen Frage jedenfalls nicht in den Bereich unserer obigen Behauptung.

[2] Histoire du Congrès de Vienne II. pag. 482 su.

Aus diesem Ursprunge sind denn auch jene Vorzüge herzuleiten, die ein unläugbares Erbtheil unserer öffentlichen Zustände vor 1854 waren und deren großen Werth wir erst jetzt, da es anders geworden, richtig zu schätzen wissen: das Gefühl der Rechtssicherheit, der Rechtsbeständigkeit, der Heiligkeit der Verträge. Wohl haben letztere auch vor 1854 Risse bekommen. Die Lostrennung Belgiens von Holland erfolgte wider die Bestimmungen von 1815. Die Begründung der Julidynastie verstieß gegen das Princip der Legitimität. Die Erhebung eines Napoleoniden auf den französischen Thron hatte einen der Fundamentalsätze des Wiener Congresses gegen sich. Allein es war in diesen und einigen andern Fällen die gewaltige Macht der Thatsachen, der man nachgeben zu müssen glaubte; es war nicht das höhnisch frivole Wort der „Logik der Thatsachen", vor dem man sich kleinmüthig und mattherzig beugte.

Wie steht es heutzutage mit der Sicherheit und Beständigkeit des öffentlichen Rechtes? Was ist heute die Heiligkeit der Verträge? Spielzeug, das eben nur so lange zu halten braucht, als man sich damit abzugeben in der Laune ist! Vom obern Po ist die Lehre ausgegangen, an der Seine hat man sie aufgenommen, im turnerischen Deutschland wurde sie beim ersten gegebenen Anlasse mit Jubel begrüßt und schon tönt sie von jenseits des Kanals zurück. Der Friedensschluß von Mailand im Jahre 1849 ist nur da, um das aufgeblähte Sardinien zu einer terza riscossa Kräfte sammeln zu lassen. Das Londoner Protokoll von 1851 besteht nur so lange aufrecht, bis der Zeitpunkt, es nicht in Vollzug zu setzen, gekommen ist. Der Pariser Friede von 1856 steht kaum ein paar Jahre später der eigenmächtigen Schöpfung eines Königreichs Rumänien nicht im geringsten im Wege. Die Verträge von 1860 werden bei hellem Tage und auf offenem Markt gebrochen, ehe noch die Tinte der Unterschriften trocken wurde, womit man in Zürich ein geduldiges Stück Papier anschwärzte. „Wer wolle sich über den Wiener Tractat von 1815 ein graues Haar wachsen lassen", sagte mit geißelndem Spott Sir John Ferguson im letzten Frühjahr im englischen Unterhause, „nachdem ältere Tractate neuester Zeit über Bord geworfen seien? Käme die neue Lehre, daß durch Krieg jede Macht ihrer alten Verpflichtungen gegen andere Mächte enthoben sei, zur allgemeinen Geltung, dann würde der Wiener Tractat wahrscheinlich niemand weiter in Zukunft belästigen, und ein gleiches würde dann von andern Tractaten gelten. Allerdings habe der Premier sich noch nicht ausdrücklich zu der neuen Lehre bekannt, aber schon sei von den bedeutendsten Journalen des Landes ohne Erröthen behauptet worden, Verträge, die unsere commerciellen Interessen nicht berühren, seien als Löschpapier zu betrachten." „Die Convention vom 15. September", ruft der Graf von Fallour aus, „ist ein Act ohne Beispiel vielleicht in den Jahrbüchern einer regelrechten Regierung, weil sie, bei einem Zwischenraume von nur fünf Jahren, ein Vertrag ist, der als aus=

drückliche Bedingung die Nichtigkeitserklärung eines andern Vertrages über dieselben Gebiete und Interessen feststellt; weil sie die Zerstörung des Vertrages von Zürich durch das Zuthun derselben ist, die ihn abgeschlossen haben, ohne daß ein Bruch dieses Vertrages dem dritten abschließenden Theile vorgeworfen wurde; weil wir von Victor Emmanuel die Verlegung seiner Hauptstadt nach Florenz verlangen, während wir zugleich vertragsmäßig gegen Oesterreich verpflichtet sind, die Rückkehr des Großherzogs von Toscana in seine Hauptstadt zu begünstigen; weil aus einer so falschen Lage unserm moralischen Ansehen eine schwere Beeinträchtigung erwachsen muß." Das ist die Logik der Thatsachen, der gegenüber die Moral der Verträge von keinem Gewichte ist; das ist die neue völkerrechtliche Theorie, der vom Throne Frankreichs herab wieder, wie während des ersten Kaiserreichs, die Praxis auf dem Fuße nachzieht; das sind die „napoleonischen Ideen" ins Diplomatische und Internationale übersetzt, deren langjähriges militärisch-despotisches Unwesen zu Anfang dieses Jahrhunderts zu dem auf die Ideen des Rechtes und der Billigkeit, des gesicherten und gewährleisteten Besitzes gebauten Wiener Friedenswerke führte und deren neuerliches Auftauchen dieses Friedenswerk in allen seinen Theilen zum Wanken bringt.

Kann ein geordnetes Staatensystem beim Walten solcher Grundsätze, oder vielmehr bei solcher **Verläugnung** aller Grundsätze bestehen? Kann es, wird es sich dieselbe auf die Länge gefallen lassen? „Es erscheint mir als ein böses Anzeichen", sprach Lord Ellenborough am 17. Juni im britischen Oberhause, „daß von einem erst vor zwölf Jahren abgeschlossenen Vertrage alle die Mächte, die ihn unterzeichnet hatten, unter dem nichtigen Vorwande einer Veränderung in den Zeitverhältnissen zurückzutreten gesonnen sind." Schon richtet sich gegen solch Gebahren die öffentliche Meinung in die Höhe und ruft der imperialistischen Magistratur, wenn diese scheinheilig sich in den Mantel der Tugend und Sittlichkeit hüllen möchte, das Wort entgegen: „Die Moral? ... Wer erwartet sie unter **dieser** Regierung?" Und schon beginnt den Trägern jener Ideen vor ihrem eigenen Werke zu grauen! Sie wagen es nicht, auf den Ursprung des Uebels zurückzugehen, allein sie können ihre Augen den unheimlichen Wahrzeichen nicht verschließen, die mahnend und drohend im Lande und über dessen Gränzen aufsteigen. „Wir dürfen uns kein Hehl daraus machen", berichtete General Fleury vor ungefähr einem Jahre an den Kaiser Napoleon, „wir sind verabscheut (exécrés) auf dem Festlande, und es genügt unsererseits nach einer Sache lebhaft zu verlangen, daß die Völker und Regierungen auf dem Continent das Gegentheil wünschen."

Es wurde in dem Zeitraum von 1815 bis 1854 viel gesündigt, wurde von den Inhabern der Gewalt manches verbrochen, und wir werden der Gelegenheit, wo sie sich uns darbietet, hierüber ein ernstes Wort zu sprechen, gewiß nicht aus dem Wege gehen. Aber was unsere internationalen

Zustände, was Gediegenheit und maßvolles Benehmen bei Behandlung öffentlicher Angelegenheiten, was völkerrechtliche Treue und Sitte anbelangt, so stehen jene Jahre ohne allen Vergleich hoch über den Ereignissen und Verhältnissen, wie sie sich seit dem Krimkriege entwickelten; und wenn die Verträge von 1815 wirklich, wie der Herrscher Frankreichs seinem gesetzgebenden Körper kund gethan, aufgehört hätten zu existiren, so würden sie sich nicht so sehr der Niederlage zu schämen haben, die sie erlitten, als vielmehr der nichtswürdigen Mittel, denen sie erliegen mußten und die sich an der Stelle, die früher sie einnahmen, breit zu machen suchen.

Man pflegt die heilige Allianz als einen der Hauptpfeiler zu betrachten, welcher dem im Wiener Congresse begründeten Systeme so lange Dauer sicherte.

Dieser Anschauung kann nur mit einer gewissen Einschränkung Recht gegeben werden. Es ist dabei das persönliche Moment von dem sächlichen wohl auseinander zu halten.

Das persönliche Zutrauen, hervorgegangen aus innigem Bündniß, aus freuden- und leidenvoller Waffenbruderschaft in der entscheidendsten Periode ihres Herrscherlebens, genährt und gestärkt durch den mehrmonatlichen, fast täglichen Verkehr während des Wiener Congresses, hat unstreitbar auf die ganze übrige Regierungszeit der drei Monarchen Franz, Alexander und Friedrich Wilhelm III. einen nachhaltigen Einfluß geübt, und sobald es nur irgend den Anschein gewann, als wollte die neu begründete Ruhe und Ordnung des Welttheils bedroht werden, da fühlten sie gegenseitig das Bedürfniß zu abermaligem Zusammenkommen und unmittelbarem Austausch ihrer Meinungen. Aber auch die nahe Bekanntschaft und Schicksalsgenossenschaft der hervorragenden Staatsmänner untereinander, das persönliche Vertrauen der Monarchen zu denselben, und vor allem zu der erprobten Geschicklichkeit und Gewandtheit des Fürsten Metternich, darf nicht außer Anschlag bleiben. Letzteres wurde namentlich in dem Verhältnisse Friedrich Wilhelm III. und seiner Minister zu dem österreichischen Cabinete bemerkbar. „Sich und seine Staatsmänner", so versichert ein preußischer Gewährsmann, „hielt der König in Fragen der europäischen Politik kaum für competent; in allen Dingen mußte Wien gefragt werden, dort verstehe man das am besten und eitle Sonderpolitik solle Preußen nicht machen. Man konnte sich in Berlin gar nicht die Möglichkeit denken, auf eigene Hand in Frankfurt Neuerungen vorzubringen, welche in Wien nicht vorher approbirt waren"[1]). Als die drei Monarchen in ziemlichen Zwischen-

---

[1]) Politische Briefe und Charakteristiken aus der deutschen Gegenwart. Berlin 1849, Wilhelm Herz, S. 20, 60 f.: „Wie oft habe ich unter der Regierung Friedrich Wilhelm's III.

räumten nacheinander vom Schauplatz traten, Alexander, der jüngste von ihnen, zuerst 1825, zehn Jahre später Franz I., nach weitern fünf Jahren (1840) Friedrich Wilhelm III., war Metternich allmälig in das Alter und in das Ansehen eines Nestors der europäischen Diplomatie hinaufgerückt, der noch dann, als Throne und Portefeuilles in allen Hauptstaaten Europa's ihre Inhaber längst gewechselt hatten, die Traditionen der Friedenspolitik und des Fürstenbündnisses von 1815 in Kraft zu erhalten und jedes dagegen sich aufthürmende Hinderniß, wenn nicht zu beseitigen, doch in der Hauptsache unschädlich zu machen wußte.

Der stärkste Beweis, wie viel die Aufrechthaltung der heiligen Allianz dem Einflusse dieses p e r s ö n l i c h e n Momentes zu danken hatte, liegt in der Schwäche des s ä c h l i c h e n Momentes, der dem Bündnisse der drei europäischen Ostmächte zur Stütze dienen sollte. Im Grunde war es die Furcht vor den Franzosen, der Abscheu vor den Jakobinern, das begreifliche Streben, eine Wiederkehr solcher Gräuel, solchen Umsturzes alles Bestehenden, solcher Erschütterung aller staatlichen Ordnung für alle Zukunft hintanzuhalten, was die Monarchen von Oesterreich, Preußen und Rußland einander genähert, was sie beisammen gehalten, was ein so festes Band um sie geschlungen hatte. Es war von Anfang her ein persönliches Verhältniß, in welches die betreffenden S t a a t e n nur hineingezogen wurden, weil sie eben die Länder dieser drei Fürsten waren. Unter allen anderen Verhältnissen würden Oesterreich, Preußen und Rußland nie einen derartigen Bund eingegangen haben.

Denn läßt sich wohl ein dauerndes Schutz- und Trutzbündniß anders denken, als zwischen Staatskörpern, deren Interessen nicht wesentlich gegen einander gerichtet sind? Nun nehme man Rußland, das, ländergierig nach allen Seiten, nicht aufhört, die türkischen Donau- und Hämus-Länder als einen von Politik, Geschichte und Religion ihm vorbehaltenen Erwerb anzusehen; Preußen, mit dem dünnen Leib in der weiten Rüstung, das sich naturgemäß darauf angewiesen sieht, sein Wachsthum in Deutschland und auf Kosten der Kleinstaaterei zu fördern; Oesterreich endlich, das von seiner jahrhundertjährigen Hegemonie in Deutschland nicht ablassen zu dürfen g l a u b t und das seine naturgemäßen Beziehungen zu den südslavischen Provinzen des türkischen Reiches besser als bisher pflegen und ausbeuten zu müssen glauben s o l l t e : läßt sich eine schwierigere, wir sagen mehr, läßt sich eine unnatürlichere Grundlage zu einem festen und dauernden Bündnisse ersinnen, als zwischen drei solchen Staaten? Die preußischen Bestrebungen in der eben angedeuteten Richtung sind allerdings erst seit 1848 nackter hervorgetreten, die russischen dagegen haben sich nie und bei keiner Gelegen-

an Grumbkow's schmähliche Worte denken müssen, die dieser Minister Friedrich Wilhelm's I. zum österreichischen Gesandten Seckendorff sagte: Il nous faut toujours quelqu'un qui nous gouverne, et en tous cas il vaut mieux que ce soit vous."

heit verläugnet. Hätten sich Fürst Metternich und alle österreichischen Diplomaten der neueren Schule nicht eben so fahrlässig in der Behandlung der orientalischen Angelegenheiten erwiesen, als sie ängstlich und eifersüchtig über Oesterreichs unverkümmertem Einfluß in Deutschland und über der Wahrung des Legitimitätsprincipes bis zu den äußersten Enden von Europa wachten, so würde vielleicht noch zu Lebzeiten des nordischen Begründers der heiligen Allianz, ganz gewiß aber unter dem herrischen Walten seines Nachfolgers jenes eigenthümliche Bündniß gesprengt worden sein und hätten seit 1815 wiederholt österreichische Heere an den Südgränzen von Ungarn und an den Ostgränzen von Galizien, weiterer Befehle gewärtig, aufgestellt werden müssen.

Die diplomatische und undiplomatische Welt von ganz Europa ist jüngster Zeit durch das Wiederauftauchen des Gespenstes der heiligen Allianz in gewaltige Aufregung versetzt worden. Wir bedienen uns mit Vorbedacht dieses Ausdruckes; denn die Furcht davor ist in der That kleinlich und unbegründet wie die vor nachtgebornen Schreckbildern. In Oesterreich ist es in erster Reihe das Bangen für unser junges Verfassungsleben, das, wie man meint, unter einem engen Anschlusse an die beiden nordischen Großmächte nothwendig leiden, wo nicht ganz zerstört werden müßte. Aber auch dieser Beweggrund der gehegten Besorgniß ist ein nichtiger. Allianzen — wir haben hier überall Bündnisse im Sinne, die nicht für einzelne vorübergehende Zwecke, sondern für die Gesammtheit der beiderseitigen auswärtigen Interessen geknüpft werden — Allianzen zwischen verschiedenen Staaten haben mit der Verfassung, mit den innern Einrichtungen und Angelegenheiten eines jeden derselben im wesentlichen nichts zu schaffen; die Zielpunkte und Interessen nach auswärts sind es allein, die den Ausschlag geben. Es wurde schon häufig, und mit Grund, die Bemerkung gemacht, man könne sich sehr wohl eine Allianz des Selbstherrschers aller Reußen mit den nordamerikanischen Freistaaten denken, deren staatliches Wesen und Sein doch so himmelweit von einander verschieden sind; man könne sich aber keine Allianz zwischen Frankreich und England denken, gesetzt auch, daß sich die „Freiheit in Frankreich" in ihren Grundsätzen und Institutionen eben so sehr jener in England nähern würde, als sie sich davon bisher fern zu halten liebte. Eben so wenig nun als einen dauernden Bund zwischen Frankreich und England halten wir eine Allianz zwischen Oesterreich, Rußland und Preußen unter Verhältnissen für ausführbar, wo die eigenthümlichen Zielpunkte der beiden letzteren Mächte wiederholt in so bezeichnender Weise hervortraten und wo nicht wie 1815 ein stark wirkendes äußeres Motiv zum Beisammenhalten treibt. Eine Allianz zwischen Oesterreich, Rußland und Preußen ließe sich heutzutage nur unter der Voraussetzung zu Stande bringen, daß Oesterreich mit billiger Rücksicht auf Preußen von seiner bisherigen Auffassung der deutschen Frage, und daß Rußland Oesterreich zu

Dienst und Gefallen von seinen Einflußgelüsten und Vergrößerungsplänen auf der Balkanhalbinsel abließe. Ohne solche Verständigung, die in offener Weise die Punkte darzulegen hätte, worin man dem andern Theile nachzugeben willens wäre, so wie jene, woran man unter allen Umständen bestehen müßte, würde jeder Bund der östlichen europäischen Großmächte auf thönernen Füßen ruhen und der erste Anlaß, wo die nicht ausgeglichenen Interessen in gegenseitige Berührung kämen, müßte ihn sprengen.

Käme es dagegen zu einer solchen Verständigung, dann hätten wir das sogenannte „Wiederaufleben der heiligen Allianz" nicht zu fürchten, sondern zu wünschen. Denn von der andern Seite läßt sich nicht verkennen, daß Oesterreich, Preußen und Rußland durch ihre gegenseitige geographische Lage, so wie durch ihre territoriale Stellung gegen das übrige Europa gewissermaßen an einander gewiesen sind. Es werden immer wieder Fragen auftauchen, Verhältnisse eintreten, wo der eine des andern oder wo alle drei einander wechselseitig bedürfen und wo sich die Vortheile fühlbar machen, wenn die drei aneinander gränzenden Großstaaten Frieden und Freundschaft mit einander halten. Gute Nachbarschaft ist für Privatleute von nicht höherem Werth, als für Staaten.

2.

Wenn der Wiener Congreß durch einen Zeitraum von beinahe vierzig Jahren den äußern Frieden unter den Hauptstaaten Europas aufrecht zu erhalten vermochte, so kann leider dasselbe von dem Völkerfrieden, von den innern Zuständen in diesen Ländern nicht gesagt werden. Ist sich die Anschauung der Höfe und Cabinete über die Verträge von 1815 durch diese ganzen Jahre treu geblieben, so hat die Meinung der Völker und ihrer geistigen Führer im Laufe der Zeit gewaltig zu Ungunsten derselben umgeschlagen.

Man braucht, um dessen recht inne zu werden, nur einen vergleichenden Blick in die Literatur, die unmittelbar aus den Tagen des Wiener Congresses hervorgegangen, und in jene zu werfen, die heutzutage dessen Thätigkeit zum Vorwurfe nimmt.

Es ist nicht blos der allezeit höfliche und entzückte, gefühlsselige und hingebende Graf A. de la Garde, der noch mehr als ein Vierteljahrhundert nach dem Congresse eine Schilderung liefern konnte, so frisch und lebendig in der Zeichnung, so warm in der Farbe, als wenn es gestern und vorgestern wäre, was ihm seine Erinnerung in allen Einzelnheiten wieder vor Augen bringt [1]. Es ist nicht blos der gewiegtere Flassan, dessen Werk das Motto an der Spitze trägt: „Quaeque ipse clarissima vidi" und der in seinem Vorworte ausruft: „Wiederherstellerin des Rechtes in Europa und Schöpferin neuer staatlicher Einigungen (nouvelles harmonies politiques), wird diese Versammlung durch eine endlose Reihe von Jahrhunderten den großen Cabineten als ein Musterbild gelten! Die Bevollmächtigten strahlten die Hochherzigkeit und die Seelengröße der verbündeten Monarchen zurück, und die reinsten Antriebe waren es, die zu den verschiedenen Entschließungen, eben so tief als weise, führten." Auch Varnhagen mit seiner gezierten und geschnörkelten Redeweise, nie wahr und warm, und doch reich an treffenden Schilderungen, auch Klüber, der ernste trockene Staatsrechtslehrer, auch Pradt, der geistreiche Staatsmann und elegante Publicist, sie alle sprechen mit voller Achtung und Anerkennung von den Bestrebungen, von der Thätigkeit, von den Erfolgen des Congresses, wenn sie sich auch nicht mit allem, was und wie er es geleistet, einverstanden erklären, wenn sie auch manche ihrer Erwartungen nicht befriedigt finden, wenn sie auch in Einzelnem und gegen Einzelnes, wie namentlich Klüber in Betreff der deutschen Frage, bittern Unmuth walten lassen.

Aber nun nehme man nach diesen durchaus den Charakter von Würde und Anstand athmenden Schriften die heutigen Darstellungen des Wiener Congresses in die Hand, welch' neidische Mißgunst, welch' gehässiges Mäkeln, welch' kleinlicher Brotneid blickt da aus allen Ecken hervor! Wie erscheint da alles in trübem entstellendem Licht! Wie trägt man die Empfindlichkeit, den Haß unserer Tage in die Beurtheilung damaliger Geschehnisse hinein! Wohl fehlte es auch in jener Zeit nicht an Leidenschaften; wohl fielen mitunter Auftritte heftig auflodernden Ingrimms vor, traten Zwischenräume von Entfremdung, Spannung, gegenseitiger Gereiztheit unter einzelnen Congreßmitgliedern ein und ging man aus mehr als einer Sitzung in der aufgeregtesten Stimmung auseinander. Allein man begeht ein Unrecht wider die geschichtliche Treue, wenn man, was damals Episoden waren, heute zum Grundton, zur Localfarbe macht, und man verdreht den wahren Sachverhalt, wenn man insbesondere die diplomatische Hauptperson des Wiener Congresses, die allerdings später — und wir werden bald sehen, warum — von dem weitverbreiteten Hasse der Parteien verfolgt wurde, in dem Lichte eines politischen Mephistopheles erscheinen läßt, der schon damals Gegenstand allgemeinen Mißtrauens und Widerwillens gewesen sei. Man höre die heutigen Darsteller des Wiener Congresses und man wird eine ganze Phraseologie über die „List und Verschlagenheit", über die „Falschheit und Gewissen-

---

[1] Fêtes et souvenirs du Congrès de Vienne. Paris 1843.

losigkeit" dieses „Altmeisters in der Kunst diplomatischer Täuschung", über dessen „Schlangenwindungen" und „geschraubte Redensarten" u. s. w. zusammenbringen können. Im Grunde spiegelt sich in diesen leidenschaftlichen Ausdrücken nichts als verbissener Groll über die unläugbaren Siege von Metternich's gewandter Politik, und können dieselben nur als eben so viele den heutigen Gegnern des österreichischen Ministers abgerungene Zeugnisse für dessen entschiedene Ueberlegenheit in der Verfolgung und Erreichung seiner Ziele gelten. Denn nie haben wir gehört oder gelesen, daß man über einen Feldherrn deshalb, weil er durch eine Kriegslist den Sieg über seine Gegner errungen, vom Standpunkte bürgerlicher Geradheit und Offenheit den Stab gebrochen habe. Und verhält es sich nicht gerade so mit den „Künsten" der Diplomatie? Unerlaubt, weil unehrenhaft, sind in beiden Fällen nur Mittel, die unter die Kategorie des Wortbruches, der Rechtsverletzung, der Unsittlichkeit oder gar gemeinen Verbrechens fallen. Aber seine Zeit abwarten; mit dem letzten Hintergedanken nicht gleich hervortreten; seine wahre Absicht vor dem zu bekämpfenden Gegner verhüllen; Andere, wo es angeht, in unserem Interesse wirken lassen, die dadurch, indem sie s i c h zu dienen meinen, nur u n s e r e Zwecke fördern — seit wann sind das in der Diplomatie unerhörte Dinge?

Wo liegt nun — so fragen wir, um auf den Punkt zurückzukommen, von dem wir ausgingen — der Erklärungsgrund jener Umstimmung der öffentlichen Meinung? Warum sprach sich dieselbe in der ersten Zeit so entschieden f ü r, warum spricht sie sich heute so entschieden g e g e n die Wirksamkeit des Wiener Congresses und dessen hervorragendste Persönlichkeiten aus? Wären etwa die Panegyriker jener ersten Zeit einfach als bestochen durch den Glanz und Schimmer, in welchem der Wiener Congreß auftrat, als befangen von den schönen Redensarten und Verheißungen, die er in die Welt sandte, aufzufassen? Oder hätte man ihre Lobpreisungen einzig aus dem Drucke zu erklären, der schon wenige Jahre nach dem zweiten Pariser Frieden in den meisten europäischen Ländern auf der Presse lastete, und ließe sich darum annehmen, daß jene zeitgenössischen Schriftsteller sich ganz anders über den Congreß würden ausgelassen haben, wenn der Meinungsäußerung über öffentliche Dinge schon damals ein so unbeengter Spielraum wäre gegönnt gewesen, dessen sich die heutige Literatur fast allerorts erfreut? Mit nichten! Ursache und Ursprung jener Wandelung liegen tiefer. Die dem Congresse günstige Stimmung seiner Zeitgenossen ist eben so begründet als die mißgünstige des jüngeren Geschlechts erklärlich, wenn auch diese letztere Mißgunst niemals hätte so weit gehen sollen, die g e s c h i c h t l i c h e Stellung des Wiener Friedenswerkes zu verdüstern oder zu verrücken. Es darf nicht dem Congresse aufgebürdet werden, was erst n a c h dem Congreß gefehlt wurde. —

„Es ist nicht die Coalition, die mich um den Thron gebracht hat", sagte Napoleon I., als er nach der Insel Elba abging, „es sind die liberalen Ideen. Ich kann mich nicht wieder erheben, ich habe die Völker beleidigt — j'ai choqué les peuples!" [1]). Er, das Kind der Revolution, hatte sich nicht damit begnügt, sie zu Boden geworfen und in Bande gelegt zu haben: er hatte seinen unumschränkten Willen an die Stelle der in das gesetzmäßige Geleise zu leitenden Volksstimme gesetzt. Er hatte den unsäglichsten Druck auf die Geister geübt und mit Polizeischergen und Bajonnetten jede freiere Regung darnieder gehalten. Er hatte das System seiner Gewaltherrschaft nach und nach über alle unterworfenen Nachbarländer Frankreichs ausgedehnt und mit dem freien Gedanken auch jedes Gefühl der Unterdrückten für ihr früheres Vaterland, für ihre frühere Regierung mit blutiger Strenge bestraft. Er hatte, da die weltgebietende Macht in seinen Händen lag, über das Schicksal von Thronen und Nationen sein Herrscherwort gesprochen; er hatte, wo und wie es ihn gut dünkte, neue Fürsten über die Völker gesetzt, denen sie gleich ihm blinden Gehorsam leisten mußten. Er hatte die Menschenmassen, die ihm und seinen Vasallen oder seinen erzwungenen Verbündeten unterthan waren, nur als Mittel zur Verfolgung seiner ehrgeizigen Pläne angesehen und Hunderttausende erpreßter Soldaten aller Sprachen und Länder unter den sengenden Sonnenstrahlen der castilischen Hochebenen, unter den ätzenden Schneewehen des russischen Tieflandes dahingeopfert. Er hatte nie und nirgends nach den Neigungen und Wünschen der Völker gefragt; er hatte ihre Stimmen erst vernommen, als das Gericht Gottes über ihn hereinbrach, als sie mit begeistertem Zuruf unter ihre alten Fahnen, unter ihre alten Führer eilten, als ihr Sieges- und Dankesjubel über seinen Sturz zu den Wolken drang. Er hatte „die Völker beleidigt" und sie waren gegen ihn aufgestanden, von der großen Idee der Freiheit entflammt und geführt — das war die furchtbare Mahnung, die der gestürzte Weltbezwinger in die Verbannung auf sein kleines Eiland mit sich nahm.

Diese ernste Lehre war an den verbündeten Fürsten, an den Leitern des Wiener Congresses nicht nutzlos vorüber gegangen. Wie man fühlte, daß man einen großen, wo nicht den größten Antheil an dem errungenen Siege der freiheitbegeisterten Hingebung der Völker zu danken habe, so war man auch ernstlich darauf bedacht ihren gerechten Erwartungen durch freisinnige Zugeständnisse entgegenzukommen. Wie man ihren Willen und ihre Kraft durch die Verwünschung von Napoleon's Willkürherrschaft, seiner Gewaltmaßregeln, seiner rücksichtslosen Unterdrückung aufgestachelt hatte, so hielt man es, schon um des Gegensatzes willen, für geboten, nicht

---
[1]) Pradt I. pag. 37—65: „État nouveau des nations", ein noch heute lesenswerther Abschnitt.

nur nach Möglichkeit alle Ursachen zu Beschwerden über Einengung und willkürliche Belastung zu beseitigen, sondern auch den gesetzlichen Vertretungskörpern jedes Landes den gebührenden Antheil an der Leitung der öffentlichen Angelegenheiten zu verschaffen. Daher vor allem die schöne Erklärung über die Abschaffung des africanischen Menschenhandels; daher das wohlthätige Uebereinkommen zur Regelung der Flußschifffahrt; daher die aufrichtigen Bemühungen der deutschen Großmächte, dem Grundsatze der landständischen Verfassungen in allen deutschen Ländern Anerkennung zu verschaffen; daher die Erklärung des Königs von Preußen an sein Volk vom 22. Mai, die Verheißungen Kaiser Alexanders an die Polen vom 25. Mai und die Verwirklichung derselben am 24. December 1815. Die Völker Europa's hatten also vollen Grund, das Friedenswerk von Wien nicht blos als den frohen Boten zu begrüßen, der ihnen nach zwanzigjährigen Stürmen die heiß ersehnte Ruhe, das Gefühl lang entbehrter Sicherheit zurückgab, sondern sie konnten auch die wohlbegründete Erwartung daran knüpfen, daß im innern Regimente jene heilsamen Einrichtungen würden geschaffen werden, welche sie die Schriften ihrer erleuchteten Denker gelehrt hatten, als die sicherste Bürgschaft innern Glücks und wachsender Wohlfahrt zu betrachten. Und mit Recht rühmt daher einer der gewiegtesten zeitgenössischen Schriftsteller dem Congresse nach, derselbe habe „den Ruhm, jede Art von Reaction, dieser aus der Revolution hervorgegangenen Geißel, gebannt und die Einführung von Verfassungen, in denen die Völker eine ihrer geistigen Reife und Einsicht gezollte Huldigung so wie eine Gewähr für eine bessere Zukunft erblicken mußten, ausbedungen zu haben" [1]).

Leider sollte diese schöne Voraussicht nicht in Erfüllung gehen! Schon wenige Jahre nach dem wieder hergestellten Frieden nahmen die Dinge eine völlig andere Gestalt an, als man nach den Verheißungen und den ersten Schritten der Congreßmächte vorauszusetzen Grund hatte. Der erste Keim zu diesem Umschlag war in Wien selbst gelegt worden. Dort schon hatte sich in vielen Kreisen die Meinung gebildet, daß alle in der angedeuteten Richtung ergriffenen Maßregeln, weit entfernt zur Beruhigung der Völker Europas zu führen, vielmehr neues Unheil heraufbeschwören würden, dem sich nur durch entschiedene Dämmung dessen, was man die Forderungen des Zeitgeistes nenne, vorbeugen lasse. Aus den jüngst erschienenen Memoiren des Cardinals Consalvi erfahren wir, daß der Prinz Regent von England, welcher die Vortheile und Nachtheile der freien Presse unter den ganz ausnahmsweisen Verhältnissen seines eigenen Landes wohl gegen einander abzuwägen wußte, die Entfesselung der Presse in den Staaten des Festlandes, in denen die Zustände eben andere seien als an der Themse und am Tweed, als von großen Gefahren begleitet ansah. In vertraulichem

---
[1]) Pradt I. pag. 157 su.

Austausch ihrer Herzensmeinungen machten Hardenberg, Nesselrode und Castlereagh, das Echo des Prinz-Regenten, gegen den Cardinal kein Hehl daraus, daß sie gewichtige Bedenken gegen die Neigung vieler Mitglieder des Congresses hätten, den neuen Ideen, welche die französische Revolution zuerst gebracht, Zugeständnisse zu machen, anstatt „dem Ergusse von falschen Lehrmeinungen und unlautern Wünschen, welche eine trügerische Sicherheit nach so langen Erduldungen nicht ermangeln wird losbrechen zu lassen, einen Damm zu setzen." Das einmüthige Bestreben der Congreßmächte, meinten sie, sollte dahin gerichtet sein, die Uebel, welche im Gefolge der französischen Revolution über die Welt gekommen seien, von der Wurzel auszurotten, und in dem gereinigten Boden den Grund zu einer neuen und dauerhaften Ordnung der Dinge zu legen. Wenn auch die Zahl jener keine so große sei, welche die von jenseits des Rheins herübergebrachten Neuerungen als Wunderdinge anstaunten, so gebe es desto mehr Solcher, die leichtfertig und oberflächlich es wenigstens des Versuches werth hielten, wie weit mit denselben zu kommen sei. Allein das heiße nichts anderes, als seine eigenen Vertheidigungswerke entblößen und den Platz dem Feinde preisgeben, der eines Tages mit Waffen und Gepäck darin seinen Einzug halten werde. „Der Kampf zwischen dem guten und bösen Princip", sagte Consalvi, „wird nie mit gleichen Waffen ausgefochten werden. Das Talent, selbst das Genie werden in diesen täglichen Fehden nicht obsiegen können, wo gekaufte und in Galle getauchte Federn den Mann von Gesinnung auf das Korn nehmen, Thatsachen und Absichten verdrehen und sich dabei immer als die einzigen Beschützer des Volkes und seiner Freiheit geberden werden"[1]).

Liegt auch den Betrachtungen des geistvollen Cardinals unstreitig viel wahres zu Grunde, so befand er sich mit den Folgerungen, die er daraus ableitete, auf falschem Wege. Die Anforderungen der Zeit sind keine Willkürlichkeiten, denen man nach Gutdünken Gehör schenken oder versagen kann: die Anforderungen der Zeit sind Dringlichkeiten, denen klug und vorsichtig Raum gegönnt werden muß, will man es verhüten, daß sie sich mit Gewalt und Umsturz selbst Raum verschaffen. Was im großen Ganzen der menschlichen Angelegenheiten seinen freien Lauf haben will, das läßt sich nur so lange eindämmen, bis es übermächtig die Schranken durchbricht und die Ufer überschäumt, weithin Entsetzen und Verheerung verbreitend. Zu spät kommt dann der Zweifel, ob es nicht besser gewesen wäre, von Anfang her der Strömung nachzugeben und nur dafür zu sorgen, daß sie in einem geregelten Bette ihren Abfluß finde. Es mögen Unannehmlichkeiten und Gefahren damit verbunden sein; doch sind sie in diesem Falle gewiß geringer und leichter zu bestehen als in jenem.

---

[1]) Mémoires du Cardinal Consalvi. Paris, Henri Plon, 1864 I. pag. 18—28.

Leider maß man in den Jahren nach dem Wiener Congresse den Uebelständen und Ausschreitungen mancher Art, woran es die überspannten Köpfe jener Zeit allerdings nicht fehlen ließen, zu große Wichtigkeit bei. Die Stimmen der Abmahner und Warner von früher schienen nur zu bald ihre Rechtfertigung zu finden. Schon war man wankend, unsicher geworden, begann man zu bereuen, daß man mit den Zugeständnissen an den sogenannten Zeitgeist doch wohl zu weit gegangen sei, und es bedurfte nur eines Aufsehen erregenden Anlasses, um mit einemmale alles, was der Congreß in der Richtung politischer Freiheit wohlmeinend eingeleitet hatte, zum Stillstand zu bringen, ja rückgängig zu machen.

Wir haben hier keine Geschichte der Zeit von 1819 bis 1849 zu schreiben; der allgemeine Verlauf der Ereignisse seit der Frevelthat Sand's ist bekannt genug. Die noch im Jahre 1818 von den Bundesgesandten Oesterreichs und Preußens nachdrücklich betonte Ausführung des landständischen Systems gerieth in allen deutschen Landen augenblicklich in's Stocken; in den Karlsbader Beschlüssen war man bereits auf eine den Verhältnissen angemessene „Auslegung" des Artikels XIII der Bundes-Verfassung bedacht; und von da an begann jene consequente und systematische Niederhaltung der Geister zu wirken, die um so verderblichere Dimensionen annahm, je mehr sich die Regierungen in ihrer neu geschaffenen Macht zu fühlen anfingen. Als natürliche Folge davon griff eine immer tiefer gehende Erbitterung gegen die Haltung der Fürsten ihren so opferwilligen Völkern gegenüber um sich! „Das also", fragte man sich, „sind die Früchte der Befreiungskriege, die ein so schönes, so herrliches Band um Fürsten und Völker schlingen sollten? Das sind die Verheißungen, die uns in den Tagen der Gefahr gemacht, das ist der Lohn für die Ströme von Blut, die zur Vertheidigung der angestammten Regierungen vergossen wurden?" „Nie möge es", so rief ein oppositioneller Schriftsteller zu Anfang der dreißiger Jahre aus, „in den Annalen des Despotismus vergessen werden, auf ihre dauerndste Tafel möge es die Geschichte verzeichnen, daß der erste Gebrauch, den mehrere Fürsten des Continentes von ihrer wieder gewonnenen oder neu befestigten Gewalt machten, der war, sich gegen die Hoffnungen und Rechte der Nationen zu verschwören, durch welche sie gerettet wurden; die Militairmacht von ganz Europa gegen alle freien Institutionen zu verbünden, gegen die Presse, gegen den Geist der Freiheit und der Vaterlandsliebe, der in dem ruhmvollen Kampf mit Napoleon entsprungen war, gegen das Recht der Völker, einen Einfluß auf die Regierungen zu üben, durch die ihre wichtigsten Interessen verwaltet werden sollen!"[1]

So war denn auf die rosigsten Hoffnungen, die man an die Entfaltung des Wiener Friedenswerkes geknüpft hatte, die bitterste Enttäuschung

---

[1] K. H. Hermes, Napoleon, sein Charakter und seine Zeit. Leipzig 1831. S. 66 f.

gefolgt, und so geschah es, daß man den Congreß und die aus seinem Schoße hervorgegangene heilige Allianz als einen Bund der Fürsten gegen die Völker, als eine Verschwörung gegen Freiheit und verfassungsmäßiges Leben und als die Quelle jener Reaction ansah, die in ihrem letzten Ausgang zu dem Gegenstoß von 1848 und 1849 führte.

Den empfindlichsten Nachtheil, der aus diesem nur zu erklärlichen Umschwung der öffentlichen Meinung, den Verträgen von 1815 und ihren Folgen gegenüber, entsprang, mußte Oesterreich davon tragen.

Einen Zeitraum von mehr als einem halben Jahrhundert hindurch schien die Politik der österreichischen Regierung ihren Stolz darein zu setzen, sich nach allen Richtungen hin auf der Höhe der Zeit zu halten, das Banner des Fortschrittes in allen Stücken ihren Völkern voranzutragen. Erst die Tage der großen Kaiserin, wo die Kaunitz, die van Swieten, die Rudolf Chotek, die Anton Pergen, die Sonnenfels, die Felbiger an der Spitze des Fortschrittes und der geistigen Regsamkeit in allen Zweigen der Verwaltung standen. Darauf die Regierung Joseph's II., des überstürzenden und rücksichtslosen, aber eben darum in jener Sturm= und Drangperiode viel gepriesenen und gefeierten Nachfolgers seiner weisen Mutter. Dann wieder, in den Jahren der französischen Revolution und des steigenden gallischen Uebermuthes, die muthvolle Ausdauer Oesterreichs; sein immer wiederkehrendes Aufraffen nach den härtesten Schicksalsschlägen; sein furchtloses Alleinstehen, wo alle andern aus Zagen oder frevelhafter Mißgunst an sich hielten, und gerade in dieser Zeit der erste große Sieg, den es über den für unüberwindlich gehaltenen Franzosenkaiser davon trug; zuletzt das schwere Opfer, wozu sich Kaiser Franz I. in der Entscheidungsstunde mit Verläugnung seiner Vatergefühle entschloß! Ein solcher Staat, eine solche Regierung, ein solcher Monarch hatte vollgiltiges Recht auf die Anerkennung, auf den Dank, auf die Bewunderung der Völker Europas, und diese zollten sie in ungeheuchelter Weise. War man während des letztern Zeitraumes in Oesterreich mit den innern Reformen nicht nur nicht vorwärts, sondern in den meisten Stücken um ein bedeutendes zurückgegangen, so that dies den Sympathien für Oesterreich doch keinen Abbruch. Kein Vernünftiger konnte läugnen, daß Joseph II. mit seinen Umgestaltungen zu hart und zu gewaltsam, ja in vielen Dingen geradezu mit Verletzung alles Rechts und Gebrauchs vorgegangen war. Auch mochte manches, worin man in den letzten Jahren offenbare Rückschritte gemacht hatte, auf Rechnung des von jenseits des Rheines geübten Druckes gesetzt werden, und überhaupt war, während man Jahrzehnte hindurch mit der Existenzfrage zu ringen hatte, die Aufmerksamkeit auf die innern Entwicklungen in den nicht=französischen Ländern bedeutend abgeschwächt. Doch alle Welt war betroffen und grausam enttäuscht, wie sich die Dinge schon wenige Jahre nach dem Schlusse der großen Kriegsepoche in Oesterreich gestalteten.

Psychologisch läßt sich die Sache nicht blos erklären, sondern selbst entschuldigen. Kaiser Franz hatte seine Regierung unter den Eindrücken der französischen Schreckenszeit angetreten. Es war das Haupt seines königlichen Schwagers von Frankreich, wenig Monate darauf das der Königin, seiner nahen Blutsverwandten, unter dem Henkerbeile gefallen. Man hatte in den Clubbs der entmenschten Jacobiner laut und öffentlich allen Fürsten den Tod, allen Monarchien den Untergang geschworen. Die Wogen des Umsturzes hatten sich von Frankreich aus weit nach allen Seiten hin ergossen, hatten die österreichische Monarchie mehr als einmal an den Rand des Verderbens gebracht. War es da zu wundern, daß ein tiefer Abscheu vor allem, was die französische Revolution zu Tage gefördert, ein Grundzug im Charakter des schwergeprüften Kaisers blieb? War es da nicht begreiflich, daß er alles Unheil, das ihm die kummervollen Jahre seiner ersten Regierungszeit gebracht, zu den „Pariser Jacobinern" in Beziehung setzte? War es da nicht zum mindesten verzeihlich, wenn er dabei, was wesentlich und was zufällig mit der französischen Umwälzung zusammenhing, miteinander verwechselte; wenn er sich gegen nichts mißtrauischer, feindseliger zeigte, als gegen „unsere Nachahmung der Franzosen"; wenn sich endlich in seinem Geiste ein System festsetzte, worin möglichste Abschließung gegen alles neue und fremde, Verweisung aller geistigen Bewegung in die engsten Schranken und vor allem der starre Grundsatz: „Für das Volk, nicht durch das Volk" das schlechthin gebietende Wort führten?

Allein, so milde man den Ursprung dieses Systems vom rein menschlichen Standpunkt aus beurtheilen mag, die Folgen desselben waren für die Geschicke Oesterreichs aufs tiefste zu beklagen. Seit den Tagen Maria Theresias war, wie sich ein geistvoller vaterländischer Schriftsteller ausdrückt, „der Oesterreicher gewöhnt worden, das Licht von oben einfallen zu sehen; mit dem Beginnen der langen Friedensepoche nach dem glorreichen Befreiungskampfe glaubte er leider allmälig die Entdeckung zu machen, daß man im Dache die Laden zu schließen suche". Und hätte man es damit bei sich zu Hause bewenden lassen, so wären wir im schlimmsten Falle von den andern Völkern, die sich freierer politischer Bewegung erfreuten, bemitleidet, von den andern Regierungen wegen der scheinbar ungestörten Ruhe, deren man bei uns genoß, beneidet worden. Doch was konnte es auf die Dauer nützen, bei sich Stille und Kirchhofsfrieden zu haben, wenn es auswärts ringsum brauste und gährte? Es mußte darum in gleichem Sinne auf die Nachbarstaaten gewirkt, es mußte vor allem in dem geistig regsamen Deutschland Ordnung gemacht, es mußte mit einem Worte die äußere Politik der innern dienstbar gemacht werden. Derselbe große Staatsmann, dem Oesterreich für sein Wirken in einer der gejahrvollsten Periode unserer Geschichte unauslöschlichen Dank schuldet, lud während der langjährigen Dauer seiner spätern Thätigkeit die schwere Verantwortung für alles auf sich, was nicht blos in Oesterreich, sondern weit über dessen Gränzen hinaus, unter dem Deckmantel von Wahrung der legitimen Autorität, von Aufrechthaltung innerer Ruhe und Ordnung, von Bannung des revolutionären Geistes gemaßregelt wurde. In diesem Sinne übte der gewandte und persönlich vielgeschätzte Minister seinen Einfluß auf die deutschen Höfe aus, hielt er mit seinen Mittheilungen und Winken das Berliner Cabinet gefangen, beherrschte er den Bundestag in Frankfurt am Main. In diesem Sinne wirkte Metternich auf die Monarchencongresse und Ministerconferenzen, die seit dem Jahre 1819 in rascher Folge einander ablösten, und brach zuerst in Troppau das Widerstreben Alexander's, der sich bis dahin noch immer im liberalen und generösen Fahrwasser der Wiener Congreßzeit zu erhalten gestrebt hatte. In diesem Sinne spann der österreichische Staatskanzler seine Fäden über alle Länder des Continents bis zu den Ausläufern der apenninischen und pyrenäischen Halbinsel fort, schützte jede alte Autorität als solche, „selbst den Halbmond wider das Kreuz", nahm überall Partei für Stillstand und Fesselung der Geister, trat allerorts in Bund mit den Mächten der Gewaltherrschaft und des Absolutismus.

Es läßt sich gar nicht berechnen, was uns diese Zeit dreißigjährigen Zurückdrängens und Niederhaltens aller geistigen Bewegung in jeder Richtung für Schaden brachte. Es war am Ende, um in ein Wort alles zu fassen, geradezu ein moralischer Bankerott, den Oesterreich in der öffentlichen Meinung von ganz Europa und seiner eigenen Angehörigen erlitt. Man halte die feurige Vaterlandsliebe, die Begeisterung, die sich während der Napoleonischen Kriege, nach dem Siege bei Aspern, zur Zeit des Befreiungskampfes an den Namen „Oesterreich" inner- und außerhalb seiner Marken knüpfte, dem entgegen, was in den Dreißiger- und Vierzigerjahren mit demselben Namen verbunden wurde, und man mußte schmerzvoll denen, die es dahin gebracht hatten, zurufen: „Was habt ihr aus diesem Oesterreich gemacht!" Auswärts wurde der Name Oesterreich gleichbedeutend mit Geistesverfinsterung und politischer Bevormundung. Das „Metternich'sche System" wurde das Stichblatt des geißelndsten Spottes, der hämischsten Ausfälle, aber auch, viel ernster, des Hasses und der Verwünschungen aller nach politischer Freiheit ringenden Parteien. Die Schlafmütze des deutschen Michels und die Ferien des deutschen Bundestags galten als Symbole der öffentlichen Zustände in Deutschland, wie sie sich unter Metternich's beherrschendem Einfluß entwickelten. Seinen Namen verfolgte der Zorn der Parteien, die blinde Wuth der Menge, und sein Name stand mit dem Oesterreich's auf einer Linie. Der Oesterreicher selbst begann sich seines Titels und seiner Herkunft im Auslande fast zu schämen. Er glaubte sich freisinnig zu zeigen, wenn er die Blößen seiner einheimischen Zustände vor den Augen des Fremden offen legte und über sein eigenes Vaterland ärger los zog, als jeder Unbetheiligte. Selbst was er anerkannt gutes und preiswürdiges besaß, getraute er sich nur schüchtern und verzagt zur Anerkennung zu bringen. An die Stelle des stolzen österreichischen Patriotismus in der Theresianischen, in der Josephinischen, in der ersten Francisceischen Zeit trat jetzt die österreichische — Bescheidenheit.

Was aber bei uns gefehlt und verabsäumt wurde, das wußten unsere Nachbarn reichlich zu ihren Gunsten auszubeuten. Sie wachten, während wir schliefen. Wir führten eine chinesische Mauer um uns herum auf, und draußen wuchsen die Dinge, die bei uns im Stillstand blieben. Preußen, obwohl es im politischen Vorwärtsschreiten bis 1848 nicht besonders viel gegen uns voraus hatte, wußte es durch unermüdete Rührigkeit dahin zu bringen, sich die Zukunft und Hoffnung Deutschlands nicht nur selbst zu nennen, sondern auch nennen zu lassen, ein ganzes Heer von Publicisten, nicht bloß preußischen, für diese Idee in Thätigkeit zu setzen, die gesammte deutsche Literatur damit zu beherrschen. Man hatte nicht genug daran, die österreichischen Zustände in den schwärzesten Schatten zu stellen; selbst das thatsächliche der Vergangenheit büßte unter der wider Oesterreich aufgereizten allgemeinen Stimmung. Von den Verdiensten unserer Staatsmänner und Feldherren aus der Napoleonischen Zeit wurde in systematischer Weise so lange heruntergefeilscht, bis die ganze Geschichte zu ihren Ungunsten entstellt war. Wie Metternich, der große diplomatische Gegner Napoleon's, von der neuern deutschen Literatur herabgesetzt wurde, so erging es auch dem Ruhme des militärischen Lenkers der Befreiungsheere wider den Franzosenkaiser. Seit der Leipziger Schlacht und dem Feldzuge nach Paris war Fürst Schwarzenberg der gefeiertste, volksthümlichste Mann von ganz Deutschland; wo er sich zeigte, strömte und jauchzte ihm die Bevölkerung zu, brachte ihm die ungezwungensten Huldigungen dar; als er in der Stadt seines weltgeschichtlichen Ruhmes sein Leben schloß, verbreiteten sich die Trauer, die Beileidsbezeigungen weit über die Gränzen von Deutschland hinaus. Aber nun schlage man ein Geschichtswerk der neuen deutschen Schule auf! „Ein politischer Repräsentant war Schwarzenberg, weiter nichts; sein ganzes Verdienst lief darauf hinaus, beisammengehalten und vermittelt zu haben; das militärische haben Blücher, Gneisenau, von der Knesebeck allein gemacht" — das ist den Leuten so oft und so lange und so überall vorerzählt worden, daß sie es zuletzt für ausgemachte Wahrheit hinnahmen. Wo sie auf Oesterreich zu sprechen kommen, da verläugnen mitunter die achtbarsten Schriftsteller jener Schule allen literarischen Anstand und brechen jeden, wenn auch noch so abseits liegenden Anlaß vom Zaun, um Oesterreich einen Makel anzuhängen oder das Ausland auf Kosten Oesterreichs im günstigsten Lichte erscheinen zu lassen.

Ließe sich so etwas wagen, wenn Oesterreich auf derselben hohen Stufe in der öffentlichen Meinung geblieben wäre, die es bis in die ersten Jahre nach dem Wiener Congresse einnahm?

Mit einem Stücke der Wiener Verträge von 1815 war man von Anfang her unzufrieden und ist es heutigen Tages mehr als je — mit der deutschen Bundesacte. Es war eigentlich vom ersten Augenblick an niemand, der an ihr unbedingtes Wohlgefallen gefunden hätte; ihre eigenen Urheber nicht ausgenommen, die ihre neue Schöpfung so zu sagen mit einer Bitte um Entschuldigung in die Welt einführten. „Die Umstände trügen Schuld", hieß es im Oesterreichischen Beobachter, „daß so unvollkommenes erzielt worden sei." Schärfer lauteten die Urtheile von Unbetheiligten. Den Einen brachte sie zu viel, den Andern zu wenig. Die schmollenden neuen Bundesglieder, wie Baden und Württemberg, machten kein Hehl aus ihrer Abneigung gegen eine Urkunde, die ihre unveräußerlichen Souverainetätsrechte, wie sie meinten, so wesentlich beeinträchtigte. Dagegen fanden die Heißsporne im deutschen Volke keine genug kräftigen Ausdrücke, um ihrer so hoch gespannten und zuletzt so arg getäuschten Erwartung Luft zu machen. „Die auf der Leiter der Bildung viel tiefer stehenden Völker", sagte Dr. Ebel, „tragen aus der politischen Erschütterung die Palme freier Verfassungen davon, wie die Spanier, Franzosen, Sicilianer, Norweger, und wir Deutsche, die wir die Tyrannei gestürzt, bleiben am Ende Zugvieh der kleinern und größern von dem gestürzten Tyrannen geschaffenen souverainen Despoten." „Man kann nicht verkennen", hieß es in Görres' Rheinischem Mercur, „daß in diesem Verfassungsentwurfe auf eine sehr glückliche Art die französische Constitution vom Jahre III mit der türkischen Verfassung verbunden ist, und zwar so, daß die Fürsten untereinander den Republicanismus sich gefallen lassen, ihren Völkern aber den Sultanismus herzlich gern gönnen." Unter den Neueren zählt Wirth in seiner „Geschichte der deutschen Staaten" (I. S. 357 f.) alle Vorwürfe, die sich gegen die Schlußacte des Wiener Congresses im allgemeinen und gegen die deutsche Bundesacte insbesondere erheben lassen, der Reihe nach auf und legt ihr namentlich zur Schuld, daß sie keine Achtung gezeigt habe: vor dem historisch begründeten Rechte der vormaligen Reichsstände und des von Napoleon unterdrückten Adels; vor dem historisch begründeten Rechte der katholischen Kirche, die ebenfalls von Napoleon so schimpflich verletzt worden; vor dem Rechte des literarischen Eigenthums, um es gegen Nachdruck zu schützen; vor dem Rechte der Gedanken- und Preßfreiheit; vor den geschichtlich begründeten Rechtsansprüchen des deutschen Volkes auf bürgerliche Freiheit; vor dem Rechte der deutschen Nationalität und der Unverletzlichkeit des deutschen Reichsgebietes.

Daß die Schuld aller dieser Uebelstände von den Schriftstellern einer gewissen neueren Schule ausschließend auf die Schultern Oesterreichs gewälzt wird, ist bei dem Geiste, von welchem sie sich beherrschen lassen, begreiflich. In einer jüngst erschienenen Schrift über den Wiener Congreß wird Fürst Metternich ganz unverblümt „der gewissenlose Urheber der deutschen Bundesverfassung" genannt [1]).

Vor allem treffe Oesterreich die Verantwortung, daß es sich in Ried von Bayern (8. October 1813) und in Fulda von Württemberg (2. November 1813) habe Zugeständnisse abdringen lassen, die von vorn herein dem Zustandekommen einer festen und einheitlichen deutschen Verfassung im Wege standen. — Einen solchen Vorwurf kann niemand ernstlich erheben, der gewissenhaft die Verhältnisse ins Auge faßt, unter deren zwingendem Gebote jene Verträge zu Stande kamen. Würden in einer Zeit, wo alles daran lag, dem nichts weniger als überwundenen Napoleon mächtige Bundesgenossen abwendig zu machen und zur gemeinsamen Sache wider ihn herüberzuziehen, würden, so fragen wir, preußische Unterhändler, wenn ihnen gegenüber Bayern und Württemberg ihre Forderungen gestellt hätten, solche weniger zugestanden haben? Daß es die österreichischen Staatsmänner keineswegs darauf abgesehen hatten, durch jene im drängenden Augenblicke gemachten Zugeständnisse das Gelingen des deutschen Einigungswerkes von vorn herein scheitern zu machen, zeigt am besten der Umstand, daß der Anerkennung der württembergischen Souverainetät im Vertrage zu Fulda, wo man bereits, im Vergleiche zu den Rieder Zeitverhältnissen, festeren Boden gewonnen hatte, die Hindeutung auf die künftige deutsche Verfassung angefügt wurde, und daß diese letztere Verwahrung in den darauf folgenden Frankfurter Beschlüssen noch unzweideutigeren Ausdruck fand.

Auch das Scheitern der Bemühungen, die deutsche Kaiserwürde wieder aufleben zu machen, soll Oesterreich allein zur Last fallen. „Die Wiederherstellung des österreichisch-deutschen Kaiserthums", so wird gesprochen, „war durchzusetzen, wenn die Volksstimmung in Preußen nachgiebiger gewesen wäre, was sicher eingetreten sein würde, wenn sich die Politik Metternich's gegen preußische Lieblingswünsche willfähriger gezeigt hätte. Ein solcher, und zwar der vorzüglichste, war die Machtvergrößerung Preußens durch die Einverleibung von ganz Sachsen. Wäre das in Erfüllung gegangen, so würden Preußens König und Volk gewiß bereit gewesen sein, in der Kaiserfrage nachzugeben" [2]). — Sollte man es für möglich halten, daß die Sucht, Oesterreich in der öffentlichen Meinung um jeden Preis zu verdäch-

---

[1]) Diplomatische Geschichte der Jahre 1813, 1814, 1815. Leipzig, Brockhaus, 1863.
[2]) Wirth, Geschichte der deutschen Staaten II. S. 186 ff. 211 f.

tigen, zu derlei gerade sinnlosen Ueberredungsmitteln greifen könne? Denn im geraden Gegensatze zu jenem Raisonnement ist vielmehr die naheliegendste Erwägung unläugbar die: daß Preußen, wenn es die Unterordnung unter ein österreichisch-deutsches Kaiserthum, das kein bloßer Titel sein sollte, mit seinen Machtverhältnissen unvereinbar fand, nur in erhöhtem Grade dagegen sein mußte, je gewaltiger diese seine Machtstellung anwuchs; und umgekehrt, daß Oesterreich, wenn es ernstlich die Kaiserwürde mit einem, selbst den mächtigsten Bundesgliedern gegenüber ausreichenden Ansehen anstrebte, in erhöhtem Grade einer unverhältnißmäßigen Vergrößerung Preußens und der völligen Ausmerzung eines im Gleichgewichte der größeren Staaten Deutschlands hochwichtigen Bundesgliedes wie Sachsen entgegen sein mußte.

Das war in der That der Stein des Anstoßes, an dem das Kaiserproject scheitern mußte. Preußen machte von Anfang her kein Hehl daraus, daß es sich nach seiner Stellung im europäischen Staatensystem einem mit reellen Befugnissen ausgestatteten deutschen Kaiserthume nicht unterordnen könne. „Sie würden sich in Berlin nicht sehen lassen dürfen", sagten die preußischen Bevollmächtigten, „wenn sie als Diener eines Vasallenstaates vom Congresse zurückkämen; die ganze Nation würde sich dagegen auflehnen." Daß Bayern und Württemberg in ein solches Verhältniß niemals willigen würden, war aus der ganzen Haltung, die sie in der Verhandlung über die deutsche Frage einnahmen, a minori ad majus zu schließen. Erblickten doch beide in der geringsten Zumuthung, die man ihnen mit Rücksicht auf das Ganze des künftigen Bundes stellte, nichts als beschränkende Angriffe auf ihre souveraine Selbständigkeit! Die beiden Cabinete von München und Stuttgart setzten von Anbeginn bis zum Schlusse ihr eifrigstes Bestreben darein, jeden Schein von sich fern zu halten, als fügten sie sich irgend einem der in Betreff der künftigen Bundesverfassung ausgesprochenen Gebote. Sie beobachteten diese Haltung sogar noch über die Congreßzeit hinaus. Als die württembergischen Standesherren bei König Friedrich um Gewährung des ihnen in der deutschen Bundesacte „vorläufig" bestimmten Rechtszustandes einschritten, beschied sie dieser mit königl. Rescript v. 18. Oct. 1815: „Se. Majestät hätten die unter dem Titel ‚deutsche Bundesacte' herausgekommene vorläufige Verfassung weder ratificirt noch agnoscirt; es müsse Sie befremden, daß jene Standesherren nicht den Zeitpunct mit Geduld und Unterwerfung abwarteten, wo Se. Majestät diese wie jede andere von Ihnen wirklich übernommene Verpflichtung in Erfüllung setzen würden." Wahrhaftig, es gehört die ganze „sonderbare Schwärmerei" politischer Ideologen dazu, um solche Hindernisse für gering zu achten! Es blieben im besten Falle nur die mittlern und kleinern deutschen Staaten, die um ihres Schutzes gegen die Mächtigeren willen das Kaiserthum wünschten; von den Mittelstaaten würde sich etwa Hannover und das wiederhergestellte Sachsen bereitwillig gezeigt haben. Hätte nun Oesterreich mit diesen im Bunde Preußen, Bayern,

Württemberg zur Annahme und Unterwerfung zwangsweise d. i. mit Waffengewalt verhalten sollen? Bei der militärischen Macht Oesterreichs würde sich, hören wir sagen, ein solcher Krieg nicht ohne Aussicht auf Erfolg haben führen lassen. Aber, von allen andern Erwägungen abgesehen, meint man, daß das übrige Europa einem solchen bedeutungsvollen Kampfe die Hände im Schoße würde zugeschaut haben? Es ist richtig, daß Kaiser Franz der Wiederannahme der Kaiserwürde persönlich abgeneigt war, obschon er anfangs, um den Huldigungen, die ihm in dieser Richtung aus vielen Kreisen mit dem hingebendsten Zutrauen dargebracht wurden, nicht schroff entgegen zu treten, mit seinem Widerstreben etwas an sich hielt. Allein dieses Widerstreben hatte seine nur zu triftigen sachlichen Gründe. Kaiser Franz hatte es durch eine Reihe von Jahren selbst verkostet, Oberhaupt einer Anzahl mächtiger, auf ihre Souverainetätsrechte eifersüchtiger Fürsten zu heißen, ohne es in Wahrheit zu sein. Diese mächtigen Fürsten waren in der Zwischenzeit noch mächtiger geworden. War ihnen früher das Ansehen und Gebot eines deutschen Kaisers unbequem gewesen, so hatten sie jetzt noch stärkere Mittel in Händen, dasselbe eitel zu machen. Wer war es also, von den kleineren Fürsten abgesehen, der sich unter solchen Verhältnissen für die Kaiseridee begeisterte? Kaiser Franz in seiner klaren praktischen Weise gab die beste Antwort auf diese Frage, indem er sagte: „Ich will weder Unterthan eines deutschen Kaisers, noch selbst der neue Kaiser sein. Ein solcher Kaiser würde die Fürsten und den loyalen Theil ihres Volkes gegen sich haben, und blos auf die Unterstützung politischer Schwärmer rechnen können. Ich halte mich nicht für befähigt, die oberste Autorität über solch einen wüsten Haufen auszuüben."

Bei ruhiger Beurtheilung der Sachlage muß man zugeben, daß mit der Gestaltung der deutschen Verhältnisse, wie sie die Bundesacte von 1815 entworfen hatte, das m ö g l i c h e geleistet und erreicht worden war. „Der deutsche Bund", äußerte sich Fürst M e t t e r n i c h in späteren Jahren, „ist so wie er ist und konnte gar nicht anders sein, oder er müßte aufhören zu bestehen." Der deutschen Bundesverfassung lag „die auf geschichtlichen Thatsachen sich stützende Ueberzeugung zum Grunde, daß für die Aufrechthaltung der deutschen Nationalität die Form eines Staatenbundes die allein anwendbare ist. Nur in der Bildung eines solchen ist die Möglichkeit einer Einigung der Ideen eines vereinigten deutschen politischen Körpers und der Aufrechthaltung der Souverainetät der Fürsten vorhanden" [1].

---

[1] Die „Continental Review" brachte im J. 1858 eine ihr aus München zugesandte, den deutschen Bund betreffende und vom 10. Nov. 1855 datirte Denkschrift des Fürsten Metternich, die wir übrigens nur aus dritter Quelle kennen. Derselben ist auch der oben von uns angeführte Ausspruch des Kaisers Franz entlehnt.

Es war nicht reines Feld, das man vorfand oder hätte machen können, als es sich um die Frage der künftigen Gesammtverfassung Deutschlands handelte; es war ein geschichtlich und staatlich genau begränzter Stoff, womit man es zu thun hatte und wovon die Art und Weise dieses Thuns selbst bedingt war. Es waren ihrer nicht weniger als sieben und dreißig souveraine Staaten, und diese von dem verschiedensten Umfang und Wesen; es waren große, mittlere und kleine, es waren monarchisch und republicanisch eingerichtete. Ein solches Vielerlei staatlicher Selbständigkeiten in einen politischen Körper zusammen zu bringen, war die Aufgabe. „Es sollte", sagt der deutsche Staatsrechtslehrer Klüber, „ein Staatenbund sein, wie ihn die Geschichte, von dem achäischen Bunde bis auf die Siebeninsel-Republik und diejenige der sieben Vereinsstaaten von Venezuela — der rheinische Scheinbund war ein Werk weder des freien Willens noch der Dauerhaftigkeit — noch nicht aufzuweisen hatte." Es konnte aber gleichzeitig, eben weil es staatliche Selbständigkeiten waren, die hierbei in Frage kamen, nicht der einfachere und kürzere Weg der Octroyirung, es mußte der mühsamere und langwierige der Pactirung eingeschlagen werden, und daß man auf diesem mit zahllosen Schwierigkeiten zu kämpfen hatte, das zeigt die Geschichte der diesfalls gepflogenen Verhandlungen.

„Zugegeben", wird man uns einwenden, „daß sich die Existenz und Eigenberechtigung von Staatskörpern wie Bayern, Württemberg, Baden nicht einfach wegdecretiren ließ; aber war dies mit den künstlichen, aller Bedingungen staatlicher Selbständigkeit baren Herrschaften von Schaumburg, Reuß, Liechtenstein auch der Fall? Mußten es gerade acht und dreißig Staaten und Staatchen sein, und mußte, um diese Zahl voll zu machen, noch ein Hessen-Homburg mit dem Scheine der Souverainetät umkleidet werden? War es nicht vielmehr angezeigt, nachdem in der Napoleonischen Zeit schon so entschiedene Griffe gemacht worden waren, in derselben Richtung noch weiter zu gehen und der deutschen Kleinstaaterei ein für allemal ein Ende zu machen?" — Es mag jemand anderer die Vertheidigung des Congresses, warum er dies zu thun unterlassen, übernehmen, wir unsererseits finden dazu keinen Beruf. Jedenfalls hätte diese Frage erledigt werden müssen, so lange den constituirenden deutschen Ausschuß in seiner ersten Gestalt nur die fünf Hauptstaaten bildeten. In dem spätern Ausschuß, an welchem sich alle deutschen Fürsten und Städte betheiligten, war das nicht mehr möglich; durch die Betheiligung der kleineren Staaten war zugleich ihre Berechtigung anerkannt und nur in der Consequenz war es, unter diesen Umständen den Grundsatz der gleichen rechtlichen Stellung aller Bundesglieder als solcher aufzustellen. Allein selbst wenn man für den Augenblick die Vielheit der staatlichen Kleinigkeiten anerkannt hätte, so würde sich immerhin manches haben einleiten lassen, was nach einer Seite hin die Sache einigermassen ausgleichen und einer geordnetern Zukunft die Bahn brechen konnte. So besaßen Kurhessen und Hessen-Darmstadt eine gemeinschaftliche ständische Vertretung, den allgemeinen Landtag, wobei jedes der beiden Länder noch seine besondere Versammlung, der engere Landtag genannt, hatte. Eine solche Einrichtung würde man nicht nur haben beibehalten, sondern auf gleiche Veranstaltungen zwischen andern deutschen Kleinstaaten hinwirken können. Es wären das Keime gewesen, die, gehörig genährt und gepflegt, mit der Zeit ohne Gewalt und Härte zu noch innigerer Verschmelzung derselben führen mußten. Das deutsche Kleinstaatenthum, mit Gebieten von einigen fünfzig bis zu weniger als drei Geviertmeilen, und von ein paarmal hunderttausend bis zu etlichen siebentausend Einwohnern herab, ist nicht bloß eine Absonderlichkeit im Staatensysteme des neueren Europa; es ist auch von wirklichen Uebelständen nicht frei. Gerade in einem Lande, das auf einer so hohen Stufe in die weitesten Kreise verbreiteter Bildung steht, wie Deutschland, sind die engen und beengenden Verhältnisse der souverainen Ländchen mit ihrem kleinlichen Hof- und Staatsleben die stete Quelle eines Mißbehagens, einer Unzufriedenheit, die sich in den politischen Zuständen Deutschlands bei jedem gegebenen Anlasse in bedenklicher Weise fühlbar macht. Die kleinen Regierungen, und die es mit ihnen ernstlich meinen, kommen zu solchen Zeiten in arges Gedränge. Sie haben dem Namen und Begriff nach eine staatliche Macht, es fehlt ihnen aber an allen Bedingungen und Mitteln, dieselbe, wenn es darauf ankommt, geltend zu machen. Ihren eigenen Unterthanen gegenüber kann sie, wenn die Wogen der öffentlichen Meinung hoch gehen, nur nachbarlichen Beistand halten; in Fragen der auswärtigen Politik müssen sie bescheiden an sich halten, wenn sie nicht dahin gelangen wollen, wohin von dem Erhabenen nur ein Schritt ist. Die schleswig-holsteinische Frage war die Gelegenheit, wo sich die Vielköpfigkeit des deutschen Bundes und der Grundsatz, daß der kleinste deutsche Fürst denselben Antheil an der Berathung und Schlußfassung über gemeindeutsche Angelegenheiten wie der größte besitze, zum erstenmale erproben sollte. Es ist so ziemlich alle Welt darüber einig, daß die Probe nicht gut ausgefallen. Wohl war hieran die Haltung der kleineren und kleinsten Ländchen nicht allein, nicht einmal zum größten Theile Schuld; daß aber dieselben zur kaleidoskopischen Illustrirung des Bildes nicht wenig beitrugen, ist unbestreitbar. Wir werden in dem, was wir über die deutschen Verhältnisse noch zu sagen haben, von dem Vorhandensein der Kleinstaaten absehen.

Es ist behauptet worden, und man hat Oesterreich einen ganz besonderen Vorwurf daraus gemacht, daß es bei Behandlung der deutschen Angelegenheiten zunächst seinen eigenen Vortheil im Auge gehabt habe[1]. Die Behauptung müssen wir als vollkommen richtig zugeben, aber den Vor-

---

[1] Gneisenau beschuldigte schon im Sommer 1814 in einem Briefe an Arndt den Fürsten Metternich, „gleichgiltig gegen die deutschen Angelegenheiten" zu sein. Gneisenau verlangte aber auch von seiner eigenen Regierung, daß sie sich um dieselben annehme.

wurf können wir nicht gelten lassen. Ein Staat wie Oesterreich ist nicht um eines andern willen da, sondern um seiner selbst willen. Oesterreich hat von seinem Standpunkte aus nicht nur während des Congresses sein eigenes Interesse in erster Reihe bedacht, es thut dies auch heutzutage und wird es zu allen Zeiten thun. Das ist aber nicht bloß mit Oesterreich der Fall, sondern eben so gut mit Preußen, mit Hannover u. s. w. Die preußischen Regierungs= und Landtagsmänner haben es, wo immer Preußens Verhält= nisse als deutscher Staat mit dessen Stellung als Großstaat in Widerstreit zu gerathen schienen, niemals verläugnet, daß letztere den erstern nicht weichen könne. Das hochtönende Wort vom „Aufgehen Preußens in Deutschland" hat sich bekanntlich im Laufe der Tage zu einem Plane vom „Aufgehen Deutschlands in Preußen" entfaltet. Auch von andern deutschen Königen sind in den letzten Jahren große Dinge gesprochen worden: von der deut= schen Einheit, von den größten Opfern, die man ihr zu bringen bereit sei und dergleichen. Hingebung und Begeisterung mögen uns verzeihen, aber uns konnten solche in Momenten überströmenden Gefühls gethane Ausdrücke nie als etwas anderes denn eitel Schall gelten! Man soll sich nicht schöner machen wollen, als man ist. Wenn es zum Ernst kommt, werden Volk und Fürst von Württemberg und Sachsen nicht davon ablassen wollen, Würt= temberger und Sachsen zu bleiben. Sie werden sich gegen alles stemmen, was ihren geschichtlichen Charakter verwischen, ihre selbständige Stellung beeinträchtigen, ihr staatliches Dasein in Frage stellen könnte. Sie, gleich allen den andern, werden niemals aufhören wollen, untereinander deutsche Brüder zu sein, aber jeder in seinem eigenen Hause, mit seinem besondern Haushalt. Gerade in diesem Punkte liegt das Charakteristische von Deutsch= lands politischem Sein und Wesen, wovon die Schöpfer der deutschen Bun= desacte nicht absehen durften, wovon aber auch keine künftige Verfassung Deutschlands wird absehen können und dürfen. Wer seine Sache auf nichts gestellt, mag von einer alle jene Sonderheiten verwischenden und überflu= thenden deutschen Einheit schwärmen; der besonnene Beurtheiler, der die Dinge ins Auge faßt, wie sie sind, wird diese eigenthümlichen Verhältnisse jederzeit berücksichtigen. Wenn man auf Frankreich hinweisen möchte, daß es, bei gleicher, ja bei noch größeren Stammesunterschieden seiner frühern Be= wohner, doch ein Einheitsstaat geworden sei, so ist dem zu entgegnen, daß Frankreich, was es ist, eben g e w o r d e n, nicht g e m a c h t worden sei. Die Departementseintheilung der französischen Revolution war allerdings ein plötzlicher, gewaltthätiger Umsturz; allein im Wesen doch nur eine Fort= setzung dessen, was sich seit Jahrhunderten vorbereitet hatte und was die

---

Heutzutage dagegen kann man es bei Schriftstellern einer bekannten Richtung finden, daß sie in einem Athem sich über Metternich ereifern, weil er die deutsche Frage den Interes= sen seines Großstaates nachgesetzt habe, und Hardenberg verhöhnen, weil er den besondern Vortheil Preußens Deutschland gegenüber nicht kräftig genug gewahrt habe!

französischen Staatsmänner, auch in ruhigern Zeiten, weiter auszubilden gestrebt haben würden. Deutschland aber ist geschichtlich anders ge worden als Frankreich, und darum darf auch aus Deutschland ein Frankreich nicht ge macht werden wollen. Deutschland zeigt in dieser Hinsicht unverkennbare Aehnlichkeit mit dem alten Griechenland. Auch dort ein bedeutendes, geistreiches, hochgebildetes, von lebhaftem Nationalgefühl durchdrungenes, und doch unter mehrere einzelne, sehr eigenthümlich gegen einander abgeschiedene Staaten sich vertheilendes Volk, das ein politisch un getheiltes Ganzes erst wurde, als es aufhörte, politisch selbständig zu sein, erst unter römischer, dann unter byzantinischer Oberherrschaft.

„Allein", so hören wir fragen, „wenn jedes der deutschen Länder seinen eigenen Charakter, sein eigenes geschichtliches und politisches Dasein hat, ist dann überhaupt die Vereinigung zu einem politischen Gesammtkörper nothwendig? ist sie auch möglich?" — Die Möglichkeit, antworten wir, ist durch die Wirklichkeit bewiesen: der deutsche Bund besteht nahe an fünfzig Jahre. Auch die Nothwendigkeit bedarf keines weitläufigen Beweises: es genügt der Augenschein, ein Blick auf die Karte von Europa. Das Staatensystem des Festlandes bedarf eines großen, bedeutenden, hinreichend mächtigen Körpers in seinem Mittelpunkte, der dem Uebergreifen des französischen Uebermuthes von der einen, jenem der russischen Uebermacht von der andern Seite einen Damm setze. Diese Aufgabe erfüllt der deutsche Bund mit den beiden über seine Gränzen hinausreichenden Großmächten. Der deutsche Bund ist aber auch eine Nothwendigkeit für die seinem Schoße angehörenden rein deutschen Staaten, die ohne innigen Zusammenhalt untereinander und mit den beiden deutschen Großmächten der Spielball und Zankapfel, im Laufe der Zeiten aber die Beute ihrer mächtigeren Nachbarn werden müßten.

Daß sich einige Einrichtungen des deutschen Bundes in der letzten Krisis nicht erprobten, beweist nichts gegen den Kern und das Wesen desselben, welche diese Krisis überdauern und nur zu einer Ueberprüfung jener Einrichtungen führen werden. Die beiden deutschen Großmächte haben das deutsche Interesse den dänischen Uebergriffen gegenüber kraftvoll gewahrt und der Sache Deutschlands zu einem entscheidendern und erfolgreichern Siege verholfen, als sich die kühnsten Stürmer und Dränger in ihren anfänglichen Erwartungen träumten. Aber Oesterreich und Preußen haben das allein und selbständig geleistet, ohne Zuthun, ja wider den Willen der übrigen Fürsten und Staaten, deren politische Haltung dadurch in einen kläglichen Zustand von Wollen und Nichtkönnen versetzt wurde. Das mag einmal geschehen sein, aber es darf nicht wieder geschehen; es darf sich nicht zum System ausbilden, denn das brächte große Gefahr. Man würde dadurch die übrigen Staaten Deutschlands in ein ähnliches vasallisches Verhältniß zu den beiden östlichen Großmächten bringen, wie die Rheinbundfürsten während der napoleonischen Zeit zu Frankreich standen. Aber der Rheinbund war nur möglich, so lange Frankreich überstark, Oesterreich und Preußen ohnmächtig waren, und so wäre auch das umgekehrte Verhältniß nur möglich, wenn Oesterreich und Preußen, im festen Bunde mit einander, den Geschicken des Festlandes geböten, Frankreich aber ohne Willen und Kraft wäre. Wo beide Theile sich gleich stark gegenüber stehen, werden die rein deutschen Staaten gegen die Uebergriffe von der einen Seite stets einen Rückhalt auf der andern suchen und finden; was die weitere Folge davon sein müßte, kann sich jedermann selbst sagen. Die übrigen deutschen Fürsten und Staaten haben in der schleswig-holsteinischen Frage unläugbar von Anfang her ihre Aufgabe vergriffen, ihren Beruf überschätzt; daß sie aber in dieser und ähnlichen Angelegenheiten eine Aufgabe und einen Beruf haben, und daß die Entscheidung und Ausführung im regelrechten Laufe der Dinge den beiden Großmächten allein und selbständig nicht zukommen könne, muß doch füglich außer Frage bleiben. Es wird daher darauf ankommen, Sache und Form zu einander in das richtige Verhältniß zu setzen, dem gemeinsamen Interesse schädliche Ueberhebungen der minder Mächtigen für die Zukunft zu verhüten, aber auch der Wiederkehr eines so widernatürlichen Zustandes, wie das eigenmächtige Vorgehen von Oesterreich und Preußen für die Sache des deutschen Bundes, aber ohne den Willen aller übrigen Glieder desselben, vorzubeugen.

Einen auffallenden Gegensatz in der Behandlung wichtiger politischer Fragen bildet zu der Weitwendigkeit und Geheimthuerei, aber auch zu der Anständigkeit und Würde der früheren Diplomatie jene mitunter burschikose Ungezwungenheit, in welcher sich namentlich englische Staatsmänner in ihren Wähler- und Pachterreden gefallen. In einer solchen hat vor wenigen Wochen Lord Stanley die amerikanische, italienische und orientalische Frage mit einer absprechenden Oberflächlichkeit abgethan, die an einem Staatsmann wahrhaft in Erstaunen setzt. Auch die deutsche Frage kam an die Reihe und der Sprecher wußte sie ganz einfach mit dem Dilemma zu lösen: „Entweder werden sich die kleineren deutschen Staaten zu gegenseitigem Schutze mit einander verbinden, in welchem Falle sie in starke Abhängigkeit von Frankreich gerathen müßten, oder es werden sich je nach ihrer geographischen Lage oder politischen Tendenz einige an Oesterreich, andere an Preußen anlehnen, so daß sie in diplomatischer und militärischer Beziehung den genannten Großmächten thatsächlich einverleibt wären." Ruhig erwogen, dürfte sich die deutsche Frage weder so einfach lösen lassen, wie der edle Lord meint, noch scheint es rücksichtlich derselben mit einem kategorischen „Entweder, oder" abgethan zu sein. Außer der Abhängigkeit von Frankreich und der Zweispaltung von Deutschland, wovon eines mehr zu beklagen wäre und zu unabsehbareren Folgen führen müßte als das andere, gibt es wohl der Mittel und Wege so manche, um die Gestaltung der deutschen Staatenverhältnisse mit sich selbst und mit dem politischen Systeme Europas in das Gleichgewicht zu setzen. Dieselben des nähern zu erörtern, wäre wohl hier nicht am Platze. Unter allen Umständen, so will uns bedünken, wird die Trias=Idee starken Anspruch auf Berücksichtigung erheben. Die Trias der Macht= und Gebietsverhältnisse liegt als thatsächliche Grundlage vor; was ist natürlicher, als daß die Frage zum mindesten ernstlich erwogen werde, ob sich nicht demgemäß auch das gegenseitige Berufsverhältniß triadisch gliedern und ordnen lasse?

4.

Die „Legitimität" war das große Princip des Wiener Congresses. Die „Legitimität" war Jahrzehnte hindurch nach dem Wiener Congresse der leitende Grundsatz in allen dynastischen Fragen, die nicht durch die unbeugsame Macht der Thatsachen ihm zum Trotze gelöst wurden. Die „Legitimität" war die Formel und das Losungswort jener auswärtigen Politik, als deren Hauptträger bis zu seinem Rücktritt Fürst Metternich galt.

Doch war das Wort nicht von ihm erfunden, sondern bekanntlich von dem ersten Congreßbevollmächtigten Frankreichs. Talleyrand bedurfte desselben, um die Bourbons in alle ihre Rechte wieder einzusetzen und das Werk der Revolution von allen Thronen, die es in seine Netze gezogen, zu verscheuchen. „Frankreich", schrieb er am 19. Dezember 1814 an Metternich, „hat auf den Congreß keinen Ehrgeiz, kein persönliches Interesse gebracht. Zurückgekehrt in seine alten Gränzen denkt es nicht mehr daran, diese zu erweitern, ähnlich dem Meere, das seine Ufer nicht überschreitet, außer wenn es von Stürmen aufgeregt wurde. Befreit von jener Unterdrückung, von welcher es bei weitem weniger Werkzeug als Opfer war, glücklich seine legitimen Fürsten und mit ihnen jene Ruhe wieder gewonnen zu haben, die es schon für immer verloren zu haben glauben konnte, hat es keinen Vorwurf mehr zu erheben, keine Ansprüche mehr auszusinnen, und einzig dahin geht sein Streben, daß jede legitime Dynastie erhalten oder wiederhergestellt, daß jedes legitime Recht geachtet werde"[1]). Acht Tage später, 26. December schrieb Tal=

---

[1]) Flassan I. p. 122 su.

leyrand an Lord Castlereagh: „Das große und letzte Ziel, nach welchem Europa streben muß, und das einzige, das sich Frankreich vorgesteckt hat, ist mit der Revolution ein Ende zu machen und dadurch einen dauerhaften Frieden herzustellen. Die revolutionären Dynastien sind verschwunden bis auf eine; die legitimen Dynastien sind wieder eingesetzt. Doch eine von ihnen ist bedroht. Die Revolution hat daher noch nicht geendet. Was bleibt zu thun übrig, damit sie ende? Daß der Grundsatz der Legitimität ohne Einschränkung triumphire, daß der König und das Königreich von Sachsen erhalten und daß das Königreich Neapel seinem legitimen Souverain zurückgestellt werde."

Talleyrand täuschte sich und die Andern, wenn er glaubte und glauben machen wollte, Neapel und Sachsen seien die einzigen Staaten gewesen, in denen es sich, da er die angeführten Sätze schrieb, noch darum handelte, dem Princip der Legitimität zum Siege zu verhelfen. Sollte die Revolution von allen Thronen weichen, so konnte auch Bernadotte jenem von Schweden nicht zunächst stehen, und durfte Maria Luise, die Gattin des revolutionären Kaisers, den von Parma nicht erhalten. Sollte das Princip der Legitimität in allen Stücken zur Anerkennung kommen, so mußte Friedrich August sein ganzes Königreich wieder erhalten; so mußte Genua, anstatt dem Königreiche Sardinien einverleibt zu werden, zu seiner alten Freiheit und Staatsverfassung zurückkehren¹); so mußte Karl IV. und nicht Ferdinand VII., der seinen schwachen Vater vom Throne gedrängt hatte, wieder König von Spanien werden; so mußte Gustav IV., den Empörung zum Verzichte genöthigt, oder doch dessen Sohn, auf welchen sich der Verzicht niemals bezogen hatte, den Thron von Schweden besteigen; so mußten Malta dem Johanniter-Orden, die Erzstifte Mainz, Köln und Trier den geistlichen Kurfürsten wieder eingeräumt, den westphälischen Standesherren ihre ehemalige Reichsunmittelbarkeit zurückgegeben werden u. a. m. Doch für diese und ähnliche alte Ansprüche hatte der Congreß taube Ohren. „Er antwortete nichts", sagt Flassan, „und hatte nichts zu antworten auf die Verwahrung des Königs Gustav." Wohl ließ sich in Bezug auf den spanischen und auf den schwedischen Thronwechsel anführen, daß sie nicht unmittelbar aus der französischen Revolution hervorgegangen waren, daß in dem einen wie andern Falle rechtsförmliche Urkunden inmitten lagen, deren Anlaß und Beweggründe, als innere Angelegenheiten der betreffenden Staaten, zu untersuchen der Congreß sich nicht für berufen halten durfte. Allein keine Rechts- sondern einzig Zweckmäßigkeitsgründe konnten für die Zurückweisung der Ansprüche jener Standesherren, die durch die revolutionäre Schöpfung des Königreichs West-

---

¹) „Ce même principe a été également violé à l'égard de la république de Gênes. Ce pays à la différence de celui de Venise, n'avait fait partie d'aucun traité antérieur: il était passé sans intermédiaire de son état ancien à celui de province française." Pradt l. p. 174 su.

phalen ihre Reichsunmittelbarkeit verloren hatten, geltend gemacht werden. Keine oder nur sehr zweifelhafte Rechts= und noch zweifelhaftere Zweck= mäßigkeitsgründe ließen sich für die Unterdrückung der Republik Genua und für die Theilung des Königreichs Sachsen anführen.

Allein so richtig dieß alles sein mag; so begründete Einwendungen sich nicht bloß über die Anwendung, sondern selbst über Begriff und Um= fang des Principes der Legitimität erheben ließen [1]; so sehr schon der Wiener Congreß und noch mehr im Laufe der Zeit die Fortleiter von des= sen Traditionen den thatsächlichen Beweis lieferten, wie schwer es im Staats= leben überhaupt sei, ein Theorem mit ausnahmsloser Folgestrenge, ohne Rücksicht auf die Macht der waltenden Umstände und dazwischen tretenden Ereignisse, zur Durchführung zu bringen: immer wird man anerkennen müssen, daß das vom Wiener Congresse aufgestellte Princip der Legitimität ein ver= nünftiges, ein besonnenes, ein **ehrenhaftes** gewesen sei; weil es gebaut war auf jene Grundlage, worauf Bestand und Heil der menschlichen Ge= sellschaft im kleinen wie im großen, worauf die staatliche Ordnung im in= nern und nach außen, worauf endlich alles sittliche Nebeneinandersein der Menschen in häuslichen und öffentlichen Beziehungen ruhen, auf die Aner= kennung des Rechts.

Doch läßt sich dasselbe von jenem Principe behaupten, das man sich heute von gewissen Seiten bemüht, an die Stelle des früheren zu setzen, von dem Principe der **Nationalität**?

Damit man uns nicht mißverstehe! Uns ist die Nationalität eine tief begründete, eine ernste und heilige Sache; wir betrachten sie als eines der wich= tigsten Momente im gesellschaftlichen und staatlichen Beisammenleben der Menschen; wir anerkennen in vollem Maße den gerechten Anspruch, den sie auf Berücksichtigung erhebt und der ihr, wo sie ihn erhebt, zugestanden werden soll. Wir werden auf diesen Punct noch zurückkommen. Was uns jetzt und hier beschäftigt, ist allein die Anwendung, oder vielmehr, um die Sache gleich bei ihrem wahren Namen zu nennen, die **Mißanwendung**, die man von der Nationalität heutzutage als von dem allein maßgebenden

---

[1] In der schärfsten Weise geschah dieß von Pradt II. p. 74 su.: „Wer verleiht die Legitimität? Wer und was macht derselben verlustig? Wo fängt sie an und wo hört sie auf? Läßt sie eine Verjährung zu wie jedes andere Recht? War Murat nicht legitim, nachdem er so und so viel Jahre hindurch von allen Cabineten Europa's anerkannt war?" Man könnte ihm, meint Pradt, den Thron entziehen wegen seiner Treulosigkeit und kraft des Kriegsrechts, aber nicht wegen des Mangels der Legitimität! „Il suit de là que si Murat a été détrôné très-à-propos, on a argumenté contre lui très mal-à-pro- pos, et que le prince qui a été le mieux attaqué sur le champ de bataille, l'a été le plus mal en logique."

Principe für Staatenbildung und Staatenänderung zu machen versucht.

Von vorn herein hat die Idee der Nationalität, mit jener der Staatsangehörigkeit in Verbindung gebracht, einen doppelten Sinn. Was für eine Art von Nationalität soll da gemeint sein? Ist es die linguistische Nationalität oder ist es die politische Nationalität? Denn daß beide von einander himmelweit verschieden sind, wird auf den ersten Blick klar. Wenn ich von der britischen Nation spreche, so habe ich dabei den meergebietenden Dreizack, das alle Welttheile umspannende Colonialsystem, den riesenmäßigen Aufschwung einer alle Märkte beherrschenden Industrie, das seit Jahrhunderten entwickelte, allen Staaten des Festlandes als Musterbild hingestellte politische Leben Englands im Auge, und es kommt mir dabei nicht in den Sinn zu fragen, ob jener Brite, dessen kühne Parlamentsrede in allen Theilen der gebildeten Welt Aufsehen erregt, oder von dem die Zeitungen berichten, daß er eine neue Maschine oder ein neues Zerstörungswerkzeug erfunden habe, oder der in den Wüsten Syriens eine alte Stadt wieder ausgräbt oder im Quellengebiet des Nils der afrikanischen Karte neue Gebiete einzeichnet, ob er ein Engländer im eigentlichen Sinne, oder aber ein Schotte, ein Irländer, ein Kymre aus Wales oder Cornwallis sei. Ist dieß, was hier von England gesagt ist, etwa bei Frankreich oder bei Rußland weniger der Fall? Frankreich hat unter seinen 87 Departements kaum 22 aufzuweisen, worin, linguistisch genommen, die französische Nationalität die alleinige wäre; und Rußland schließt in seinem riesigen Umfang eben so viele verschiedene Volksstämme ein, als es verschiedene Confessionen zählt, was wahrhaftig nicht wenig sagen will. Und doch wird niemand dem Russen oder Franzosen ein lebendiges nationales Bewußtsein und Selbstgefühl abstreiten wollen. Besitzen es vielleicht nicht alle der diesen beiden Staaten angehörigen Völker, so zeigen sie es doch alle dem Ausländer gegenüber[1]). Vielleicht das sprechendste Beispiel des Unterschiedes zwischen linguistischer und politischer Nationalität bietet der Nordamerikaner im Gegensatz zum Briten. Nicht nur daß nationalisirte Iren, Franzosen, Deutsche, Slaven sich als ein großes Volk unter dem Sternenbanner der vereinigten Staaten anerkennen: selbst die eigentlich englische Race hat dort ein so eigenthümliches Gepräge empfangen, daß sie, obgleich linguistisch und ethnographisch eine und dieselbe wie dießseits des Weltmeeres, nach der politischen Nationalität sich scharf von dem ursprünglichen Mutterstamm scheidet und absperrt. Vom Standpunkte der linguistischen Nationalität erkennen sich John Bull

---

[1]) Revolutionäre Zustände, wie die jetzigen in Congreß-Polen, können natürlich nicht zum Maßstabe dienen. Wir selbst aber haben in ruhigeren Zeiten russische Polen dem Fremden gegenüber mit einem gewissen Stolz von den Vorzügen Rußlands, von seiner Macht und Größe, von der Trefflichkeit vieler seiner Einrichtungen sprechen hören.

und Bruder Jonathan als Geschwister, wie auch ihre beiderseitige Literatur von diesem Standpunkt nur eine ist: von jenem der politischen Nationalität dagegen stehen sie einander schroff und scharf entgegen, denken und fühlen sie sich als verschiedene Völker. Es ist übrigens bemerkenswerth, daß Staaten, in denen die politische und linguistische Nationalität mit einander zusammenfallen, im heutigen Europa nur unter jenen zweiten und dritten Ranges zu treffen sind, wie Schweden, das jetzige Dänemark, Holland, die italienischen Staaten und etwa Spanien, wenn man von den 500.000 Basken und den 100.000 Moriskos und Zigeunern absehen will.

Man hört heutzutage häufig sagen, das Princip der Nationalität sei ein heidnisches. Das ist wohl unrichtig. Man vergißt dabei vor allem die Juden, die durch den ganzen Verlauf ihrer selbständigen Geschichte linguistisch, politisch und religiös gegen alle Nichtjuden abgeschlossen waren, und die im Puncte nationaler Schroffheit und Stammesfeindschaft ihren einstigen Unterdrückern, den Aegyptern, und ihren westlichen Nachbarn, den Phöniziern, nicht das mindeste nachgaben. Allerdings finden wir in der ältesten Geschichte der Menschheit überall die linguistische Nationalität mit der politischen zusammenfallend. Das ist aber nicht bloß im Alterthum, sondern auch in den ersten Jahrhunderten des christlichen Mittelalters der Fall, wo entweder die Landesgränzen mit den Stammesgränzen zusammenfielen oder wo, wenn in Folge gewaltsamen Eindringens auf einem und demselben Gebiete mehrere Volksstämme beisammen wohnten, doch immer nur den Angehörigen des erobernden und herrschenden die Vortheile bürgerlicher und staatlicher Eigenberechtigung zu gute kamen, jene des unterjochten dagegen in den Stand recht- und schutzloser Hörigkeit hinabgedrückt wurden. Andrerseits ist die Erhebung der politischen Nationalität über die linguistische, d. i. die staatliche und bürgerliche Gleichberechtigung ohne Rücksicht auf Sprach- und Stammesverschiedenheit, nicht erst den christlichen Zeiten eigen oder dem Einflusse des Christenthums zuzuschreiben. Als Kaiser Caracalla alle Bewohner des weiten römischen Reiches mit dem Bürgerthume bekleidete, war es sicher keine christliche Idee, welche diesen Schritt herbeiführte; es waren die vielseitigeren, verwickelteren, gesteigerten staatlichen Verhältnisse und Bedürfnisse, die zuletzt dahin führten, allen Angehörigen des unermeßlichen Staatsgebietes mit dem gleichen Antheile an den Abgaben und Lasten auch den gleichen Antheil an den Rechten und Vorzügen zu gewähren. Daß derselbe Proceß im späteren Mittelalter und in der Neuzeit des christlichen Europa leichter zum Durchbruch kam als im Umfange des heidnischen Alterthums, erklärt sich einfach daraus, daß einmal die mittelalterliche Bildung auf die vorangegangene der Römerzeit gebaut war und daß anderntheils die meisten Länder des mittleren Europa durch die Völkerwanderung von Anfang her ethnographisch gemischt waren, ohne daß sich die verschiedenen Volksstämme überall, wie dies in Italien der Fall war, im Laufe der Jahrhunderte zu einer linguistisch neuen Nationalität verschmolzen hätten.

Was soll es nun heißen und wohin soll es führen, so fragen wir, die linguistische Nationalität unter unsern heutigen europäischen Verhältnissen zum Princip der Staatenbildung zu erheben?

Man müßte damit anfangen, die bereits bestehenden Staaten nach Volksstämmen zu zerlegen. Es läßt sich recht schön sagen und recht gut anhören: „die künftige Karte von Europa wird nur ein Volk und ein Reich der Franzosen, ein Volk und ein Reich der Deutschen u. s. w. kennen!" Aber man sehe sich einmal die Sache näher an. Wie stünde es mit dem künftigen Reich und Volk der Franzosen? Zuerst müßte Elsaß und Lothringen wegfallen, denn da sind Deutsche; dann Corsica, Nizza, denn da sind Italiener; weiter die Bretagne, denn da sind Kymren u. s. f. Aehnlich verhielte es sich mit dem Reich und Volk der Deutschen, aus welchem erst ein großer oder der größte Theil von Preußisch- und Oesterreichisch-Schlesien, der preußischen und sächsischen Lausitz, von Böhmen und Mähren, von Innerösterreich und Tyrol herausgeschnitten werden müßte, wenn man nicht dasselbe Princip, nach welchem vorzugehen man sich den Anschein gibt, auf das gröbste verhöhnen und verletzen wollte. Und doch will der Franzose sein Elsaß und Lothringen nicht herausgeben, will der Deutsche Böhmen und Tyrol nicht missen. Es wäre aber, wenn es mit der Durchführung des Principes der linguistischen Nationalität Ernst werden, wenn in Hinkunft Volk und Staat zusammenfallen sollte, noch eine andere Schwierigkeit zu überwinden. Was geschähe mit den Stammesgenossen, die in andern Ländern über den ganzen Erdball hin zerstreut sind; nicht mit zufälligem, sondern mit bleibendem Aufenthalt; nicht blos einzelweise, sondern mitunter in zahlreichen Ansiedlungen? Begriffe das Volk und Reich der Franzosen, Deutschen u. s. w. auch diese? Oder müßten sie, weil sie ja dem andern Volke und Reich, in dessen Mitte sie leben, nicht angehören, sich es gefallen lassen, überhaupt zu keinem zu gehören?

So läßt sich denn eine Neugestaltung der Karte von Europa, wenn man sich blos an's allgemeine hält, sehr leicht idealisiren, allein sehr schwer, ja unmöglich, wenn man näher eingeht, realisiren, und man wird zugeben, daß die Anrufung der linguistischen Nationalität als Princip der Staatenbildung ein Unding sei. Die Nationalität in diesem Sinne ist überhaupt keine politische Idee, sie ist, wenn man will, einer kosmopolitische Idee. Der Deutsche von Britisch-Kaffraria erkennt im Deutschen aus Neu-Süd-Wales, auf welchem Puncte des Erdballs er mit ihm zusammentreffen mag, seinen Stammverwandten; aber darum wird es den Deutschen vom Capland und den Deutschen aus Neuholland nicht einfallen, sich miteinander zu einem Staate zusammenzuträumen. Der Čeche aus Kuttenberg freut sich seiner čechischen Brüder in Böhmisch-Rirdorf bei Berlin und in dem fernen St. Louis oder Milwaukie in Amerika, und diese Freude ist ohne Beimischung bittern Nachgeschmackes, daß er dem Kaiserthum Oesterreich angehört, jene den König von Preußen anerkennen, die dritten im Staatenverband von Missouri oder Wiskonsin leben. Kann man denn einander nicht **uneigennützig** Freund sein?

So ist es also wohl der **politische** Standpunkt, den man im Sinn hat, wenn man heute vom Princip der Nationalität als Grundlage der Staatenbildung redet? — Doch damit wäre jenen wenig geholfen, die es sich einmal in den Kopf gesetzt haben, die Staatenkarte von Europa zu revidiren. Denn die **politische Nationalität beruht ja eben auf der Staatsangehörigkeit**, und das Princip der Nationalität in diesem Sinne angewendet, würde eben nur dahin führen, daß jeder bei dem Staate verbliebe dessen Bürger er ist.

Doch wie man es in jener Schule, die sich heute in der Politik das große Wort anmaßt, mit der Achtung der Verträge nicht ängstlich nimmt, so läßt man sich auch durch die Principien, die man sich selbst aufstellt, nicht in der Freiheit des Handelns beirren, wo diesem Handeln Zielpunkte begehrungswürdig erscheinen, die jenseits der Gränzen des Principes liegen. Oder besser noch: man stellt das Princip von vorn herein so, daß man es je nach Bedarf beliebig verwenden kann. Die aggressive Macht braucht einen Protens-Begriff, der bald diese bald jene Seite herauskehren läßt, weil sie nur **einen** Zweck hat, den Umsturz des Bestehenden, aber unendlich vieler Mittel und Wege bedarf, diesen Zweck zu erreichen. Sehen wir ein wenig zu, welches Spiel mit dem Nationalitätsprincip getrieben wird.

In der vordersten Reihe steht den Anwälten der Nationalitätenpolitik die **polnische** Frage. Der Schmerzensschrei der polnischen Nation, die Unterdrückung, welche die Polen von den stammesfeindlichen Russen zu erdulden haben, das Getrenntsein der polnischen Race unter drei verschiedenen Herrschaften sind die Beweggründe, mit denen die Sache der linguistischen Nationalität des Polenthums vor dem Völker-Areopag von Europa verfochten wird. Allein man verlangt die Gränzen von 1772, man fordert die Wiederherstellung des polnischen Reiches, wie es vor der ersten Theilung in mächtiger Gebietsausdehnung vom baltischen Meere bis zu den Karpathen und vom Dnjepr bis in die Nähe der Oder bestand. Wohnten und wohnen in diesem weiten Umfange nur **Polen**? Nicht zur Hälfte! Von den zahlreichen Deutschen und Litauern auf mehr oder minder zusammenhängenden und ausgedehnten Strecken abgesehen, hatte das ehemalige polnische Reich viele Millionen Unterthanen des klein- und weiß-russischen Volksstammes, die von den Polen durch ebenso viele Jahrhunderte jede Art von Ungemach und Unterdrückung zu erdulden hatten, als neuester Zeit die Polen von den Groß-Russen **Jahrzehnte** hindurch. Hinter der linguistischen Nationalität des polnischen Stammes, in deren Namen das Mitgefühl und der Beistand von ganz Europa aufgerufen wird, sehen wir also auf einmal Ansprüche der politischen Nationalität auftauchen, ohne daß uns der innere Zusammenhang jenes Hilferufs mit diesen Ansprüchen aufgeklärt würde.

Seit den Tagen der Carbonari bildet auch die italienische Frage ein vorzügliches Augenmerk der politisirenden Neugestalter von Europa. Es ist die Nationalität der italienischen Zunge, die, zum erstenmale in der Weltgeschichte, zu einem politischen Ganzen zusammengebracht werden soll. Darum wird Dalmatien mit seiner vermeintlich rein italienischen Bildung in die Forderung einbezogen; Triest, das sammt seinem Gebiete für rein italienischen Boden ausgegeben wird, gehört mit in den Kreis; auf Wälsch=tyrol, auf die italienischen Cantone der Schweiz fallen lüsterne Blicke. Wenn man die Namen Corsica und Malta nur schüchtern ausspricht, so ist es einzig darum, weil man dem mithelfenden Frankreich gegenüber nicht den Muth hat es laut zu fordern, und weil man sich dem mächtigen Dreizack Englands gegenüber nicht die ausreichende Kraft zutraut, seine Forderung geltend zu machen. Aber man fordert Italien bis zum Brenner und bis zum Laufe des Isonzo! Sind die Friauler reine Italiener? Ist nicht der Hauptstamm der Bevölkerung im Küstenlande und in Dalmatien slavisch? Wohnen nicht südlich vom Brenner weitverbreitet Deutsche? Im Handumdrehen ist es also wieder die politische Nationalität, die mit der linguistischen die Rolle tauscht und ihre „natürlichen Gränzen" verlangt.

In der neuesten Zeit, und namentlich seit der deutschen National=versammlung von 1848, ist zu der polnischen und italienischen, in kleinerem Umfange zwar, aber mit kaum geringerem oratorischem Apparat, die schleswig=holsteinische Frage hinzugetreten. Die Mißachtung und Verhöhnung des deutschen Namens durch das sich überhebende Dänen=thum, die Neckereien und Verfolgungen, welche die in Holstein und in einem großen Theile von Schleswig angesessenen Deutschen von den dänischen Behörden zu ertragen hatten, das Bestreben der Kopenhagener Regierung, im Wege von Verwaltungsmaßregeln und Verfassungsgrundsätzen das Deutschthum namentlich im südlichen Theile von Schleswig in Dänemark aufgehen zu machen, haben mit vollem Grund die Entrüstung der stammverwandten Deutschen dießseits der Eider und Elbe und den lauten Ruf, so höhnender Kränkung und Bedrückung zahlreicher deutscher Stammes=genossen mit Kraft ein Ende zu machen, wach gerufen. Den entscheidenden Erfolgen der österreichisch=preußischen Waffen folgte das Verlangen nach gänzlicher Loslösung der nun befreiten deutschen Brüder aus der dänischen Zwingherrschaft. Doch nicht blos „so weit die deutsche Zunge reicht"; das ganze Schleswig=Holstein sollte es sein, bis nach Jedsted und Kolding hinauf; und schon gaben sich Wahrzeichen kund, daß man keinen Anstand nehmen werde, die Germanisirung in den dänischen Gebieten von Nord=

Schleswig mit ebenso gewaltsamen, den Stammesgefühlen der anderssprachigen Bewohner hohnsprechenden Mitteln zu betreiben, als dieß früher mit der Dänisirung im deutsch redenden südlichen Theile von Schleswig der Fall war. Nachdem die Wortführer der deutschen Sache vordem, so lange Schleswig im Besitze Dänemarks war, sich heiser geschrien und in den grellsten Farben den Unfug geschildert hatten, daß deutsche Brüder unter dem Machtgebote einer ihrer Nation feindseligen Regierung seufzen müßten, erblicken sie gegenwärtig „durchaus keine gebieterische Nothwendigkeit, daß alle Personen, welche dänisch reden, dem Scepter des Königs Christian unterworfen sein müssen."

Wir haben kaum nöthig hervorzuheben, daß alles, was hier und an andern Stellen über das Treiben in der schleswig-holsteinischen Sache gesagt wurde, keine Anwendung auf den Vorgang leide, den die beiden deutschen Großmächte in dieser Angelegenheit einhielten. Oesterreich und Preußen haben den Krieg mit ausdrücklicher Hinweisung auf die Punctationen des Londoner Vertrags, die sie zu achten im Sinne hatten, begonnen. Sie haben erst im Verlaufe des Kampfes und bei der andauernden Widerspänstigkeit Dänemarks die Folgen des Eroberungsrechtes an die Stelle der Folgerungen aus dem Vertragsrechte treten lassen. Während der Londoner Conferenzen hat namentlich Oesterreich allen Vorschlägen, die im Sinne des sogenannten Nationalitäts-Principes von verschiedenen Seiten zur Schlichtung der Gebietsabtretungsfrage vorgebracht wurden, grundsätzlichen Widerspruch entgegengesetzt. Oesterreich und Preußen haben, wie es der Staatskunst von Großmächten ziemt, von Anfang bis zu Ende, die marktschreierischen Zumuthungen dilettirender Gefühlspolitik von sich fern haltend, einzig den staats- und kriegsrechtlichen Standpunkt der Frage gewahrt. Sie haben im Friedensschlusse allerdings eine Theilung Schleswigs vorgenommen, allein nicht zum Zwecke der Herstellung einer dem Grundsatze der Sprachgränzen huldigenden neuen Landkarte, sondern aus staatlichen und rechtlichen Rücksichten, zum Behufe des Eintausches der tiefer im neuerworbenen Lande befindlichen jütländischen Gebietstheile. Die gutmüthige Mahnung, die Lord Palmerston im Parlamente ausgesprochen: „daß Oesterreich und Preußen ein Nationalitäten-Princip aufgestellt haben, welches in seiner Durchführung ihnen selbst, und vornehmlich Oesterreich, außerordentlich unbequem werden dürfte", trifft also gerade Oesterreich durchaus nicht.

Der geneigte Leser aber, der unserer bisherigen Ausführung mit Aufmerksamkeit folgte, wird mit uns die Ueberzeugung theilen, daß dasjenige, was man heutzutage unter dem Namen des Nationalitätsprincipes an die Spitze der hohen Politik zu stellen versucht, entweder, wo es redlich und arglos gemeint ist, auf einer unbedachten Vermengung, oder, wo es von dem „Verstand der Verständigen" ausgeht, auf einer arglistigen Handwechslung zweier ganz verschiedener Dinge beruht, die wir mit den Ausdrücken der linguistischen und der politischen Nationalität bezeichnen zu dürfen glaubten. Mit andern Worten, es liegt demselben entweder Unklarheit der Begriffe zu Grunde oder es läuft auf Verwirrung der Begriffe hinaus; es ist entweder Irrthum oder es ist Täuschung, und konnten wir früher das Legitimitätsprincip des Wiener Congresses, trotz mancher Wenn und Aber, die sich gegen dessen consequente Durchführung vorbringen lassen, ein vernünftiges, besonnenes und ehrenhaftes nennen, so läßt sich nicht dasselbe von dem Nationalitätsprincip der heutigen Revisoren der Karte von Europa sagen. Denn es hält dasselbe vor dem Tribunale des Rechtes ebensowenig als vor jenem der Logik Stand. Es spiegelt das Ideal stammeseinheitlicher Staatenverbindungen vor, in die es doch der Wirklichkeit nach hunderttausende, ja Millionen stammverschiedener Mitleidender einzwängen möchte, und es ruft mit scheinheiliger Miene für das Wohl seiner Schutzbefohlenen dieselbe Freiheit an, die es für einen großen Theil von Schutzlosen mit Füßen zu treten im Sinne verbirgt. Es ist himmelschreiend, daß hunderttausende von Griechen unter türkischer Botmäßigkeit seufzen; aber es wäre nicht himmelschreiend, daß hunderttausende von Slaven, wenn die großgriechischen Pläne sich verwirklichten, unter griechischem Drucke leiden müßten!

5.

Das Markten und Feilschen auf dem Wiener Congresse um Geviertmeilen und „Seelen" hat schon bei der gleichzeitigen Publicistik großes Aergerniß verursacht. Das Geschäft wurde auch in gar anstößiger Weise betrieben, und was die Sache noch ärgerlicher machte, die „Seelen" wurden nicht bloß gezählt, sondern auch geschätzt. Als über die Entschädigung Bayerns verhandelt wurde, das, wie Stein nachwies, eine Zuweisung von 408,586 Einwohnern statt einer von 288,811 beanspruchte, soll jede der reichen Frankfurter „Seelen" gleich drei andern veranschlagt worden sein. Man rechnete einander vor, um wie viel die „Seelen" des einen jenes des andern an Werth nachstünden. Macht doch selbst ein neuerer Schriftsteller seinem Groll über die vermeintliche Verkürzung Preußens in den Worten Luft: „Und zehntausend Bettler, die damals in Cöln vor der Kirchthüre saßen und ihren Töchtern die Erbschaft ihrer Plätze als Aussteuer mitgaben, machten ganz dieselbe Anzahl wie zehntausend dieser rüstigen Franken in den Markgrafschaften, dieser kühnen Ostfriesen, die mit ihren Schiffen alle Meere

Europa's befuhren" ¹). Es gab einen wahren „Seelenschacher", und dieß, die widerliche Form, war es auch, worüber sich, wie gesagt, schon zeitgenössische Schriftsteller aufhielten. „Indem man nach Seelen rechnete", sagt Pradt, „stellte man den vornehmsten Bestandtheil des Menschen als das materielle Object der am wenigsten vornehmen Sache hin, nämlich der, zum Gebrauche eines Andern bestimmt zu sein. Auf solche Weise hat die Revolution, welche ihren Ausgang von einer Bewegung der Geister genommen hatte, mit einer Vertheilung der Seelen geendet" ²).

Die heutige Publicistik ereifert sich nicht allein über die unanständige Form, sondern über die Sache selbst. „In welchem Zeitpunkte", so heißt es, „gingen jene Gebietszutheilungen vor sich? Unmittelbar, nachdem man sich wider diejenigen ausgeschrieen hatte, die von Napoleon ausgegangen waren! Oesterreich nahm die Hälfte von Ober-Italien für sich; wurden die Italiener gefragt? Sardinien bekam Genua unter seine Oberhoheit: widersetzten sich nicht die Genuesen? Preußen erhielt die Hälfte von Sachsen: wollten die Sachsen getheilt sein?" Heutzutage, meint man, könne so etwas nicht mehr vorkommen, dürfe nicht mehr vorkommen. Denn, werde einmal das Nationalitätsprincip allgemeine Anerkennung gefunden haben, dann sei auch dafür gesorgt, daß in Hinkunft nur der freie Wille der Bevölkerung zu entscheiden habe, wen sie über sich als Herrscher anerkennen wollten. —

Wir haben seit langem die große Geschicklichkeit des Franzosen bewundert, dem nicht dort, wo ihm „die Begriffe fehlen", sondern gerade da, wo er welche hat und braucht, ein Wort zur rechten Zeit sich einstellt — ein Wort, an das sich eine ganze Gedankenreihe kettet, in dem ein ganzes System liegt, eine ganze Theorie, und dabei zugleich eine ganze Praxis; ein Wort, kurz und einfach, und dabei so gemeinverständlich und faßlich, daß es mit elektrischer Schnelle die Runde um den Erdball macht; ein Wort, das nach Bedarf zündet, hundert Leidenschaften anregt, oder wieder, wo es nöthig ist, beschwichtigt, hundert Befürchtungen in den Schlaf lullt.

Ein Napoleonide besteigt den Thron von Frankreich, ein zweites Kaiserreich entsteht, gegen den ausdrücklichen Inhalt der Verträge von 1815. Werden die Cabinete Europas ruhig bleiben? Werden nicht den Franzosen, eben erst aus einer stürmischen Staatsumwälzung gerettet, mit den glorreichen Erinnerungen an die erste kriegerische Kaiserzeit zugleich die gegründetsten Besorgnisse aufsteigen? Doch — „das Kaiserreich ist der Friede", und Frankreich geht ruhig an seine Tagesarbeit und die Cabinete Euro-

---

¹) Pertz IV. S. 298.
²) Du Congrès de Vienne II. p. 117 su.

pa's setzen sich, über den Hauptgrund ihrer Befürchtungen eines bessern belehrt, über die Verletzung eines Hauptgrundsatzes des Wiener Congresses hinaus.

Das neue Kaiserreich ist bekanntlich nicht lange der Friede geblieben. Kaum zwei Jahre nach Beendigung des Krimfeldzuges macht es neue gewaltige Rüstungen zu Land und zur See. Von neuem gerathen die europäischen Regierungen in Unruhe; offenbar gilt es dem Angriff Italiens gegen Oesterreich und daraus muß ein Weltkrieg entbrennen! „Nicht doch", sagt Napoleon III., „denn wir werden den Krieg — localisiren"; und alle andern Mächte legen die Hände in den Schoß und schauen ruhig zu, wie mit Hilfe seines mächtigen Beschützers das kleine Sardinien um ein großes Stück von Oesterreich erweitert wird.

Der „localisirte" Krieg ist zu Ende, aber nicht dessen Folgen. Der Egoist, heißt es, zündet das Haus seines Nachbars an, um sich ein Ei dabei zu kochen. Die Lombardie, Parma, Modena, Toscana, die Legationen mußten ihren angestammten Herren entrissen werden, damit das wiedererstandene Kaiserreich um ein paar Geviertmeilen größer werde. Frankreich, so fliegt auf einmal die aufregende Kunde durch Europa, will Savoyen und Nizza an sich reißen! „An sich reißen!" antwortet man von den Ufern der Seine zurück. „Wie kann man uns so etwas zumuthen! Wir wollen ja nichts als — annectiren; annectiren, was schon durch die natürlichen Gränzen gewissermaßen zu uns gehört."

Und auf welchem Wege wurde dieß alles herbeigeführt? Wie wurde das neue Kaiserreich geschaffen? Durch Gewalt von oben? Beileibe nicht! Wie kam das Toscanische und die Emilia an Piemont, Savoyen und Nizza an Frankreich? Durch kriegerische Unterwerfung oder in Folge diplomatischer Verhandlungen? Mit nichten! Der frei ausgesprochene Wille der Bevölkerung hat Napoleon III. auf den Kaiserthron von Frankreich gerufen, hat Vittore Emanuele zum Beherrscher von Mittelitalien erbeten, hat die Annexion von Savoyen und Nizza an Frankreich verlangt. Le suffrage universel, das allgemeine Stimmrecht — die Demokraten von ganz Europa durften dagegen nichts einwenden und keine europäische Regierung konnte einer solchen Thatsache gegenüber ihre Anerkennung verweigern.

„Der frei ausgesprochene Wille der Bevölkerung"! Kam aber auch gewiß bei allen diesen Ereignissen, wie dieß doch in der Natur des aufgestellten Principes liegt, der Volkswille frei und rein zum Durchbruch?

Mochte es als böswillige Erfindung bezeichnet werden, wenn man versichern hörte, es sei 1851 den Buchdruckereien in Paris jede Verfertigung von Nein=Zetteln untersagt worden, so sprachen doch die Thatsachen zu laut und zu vielfach dafür, daß bei dem Vertrieb von Ja=Zetteln jene die Hände im Spiel hatten, denen am günstigen Ausfalle der Abstimmung am meisten gelegen war. — Ueber die Scenen, welche bei der Abstimmung am 11. und 12. März 1860 in Mittelitalien stattfanden, liefen die sonderbarsten Gerüchte umher. Bei der leichtsinnigen und gutmüthigen Bevölkerung von Toscana, hieß es, sei eine große Anzahl von Stimmen durch Bestechung, Austheilung von Wein und ähnliche Mittel gewonnen worden; in der Romagna dagegen habe man mitunter offene Gewalt nicht gescheut, um zu dem erwünschten Ziele zu gelangen; einer Menge angesehener Personen sei, wenn sie sich der Wahl zu entziehen oder eine verneinende Stimme abzugeben wagten, durch ausgeschickte Zettel das ärgste gedroht worden: Anzünden ihrer Gebäude und Umhauen ihrer Maulbeer- und Olivenbäume im Falle des Nichterscheinens, Tod durch Meuchelmord im Falle ungünstiger Abstimmung. — Und was bedurfte es, im April darauf, in Savoyen und Nizza der Geschicklichkeit der Herren Pietri und Laity, wenn es nur darauf ankam, die wahre Meinung der Mehrzahl der Bevölkerung zum Durchbruch kommen zu lassen? Am Tage vor der Abstimmung in Nizza rückte Pietri mit einem Corps von nicht weniger als siebenzig Agenten ein, die sich mit dem schon früher organisirten „französischen Ausschusse" vereinigten. In den Landgemeinden wurden die Vorstände zusammenberufen und für die Abstimmung in ihren Gemeinden „verantwortlich" gemacht. „Stimmen Sie für den Kaiser", wurde ihnen gesagt, „oder seien Sie überzeugt, daß er die Schurken zu bestrafen weiß." Als sich in einem Bezirke die Leute nicht gefügig zeigten, wurden sie von dem Polizeiagenten angefahren: „Nun laßt es bleiben, aber ich werde an den Kaiser berichten; man wird euch ein Bataillon Zuaven in euer Nest legen und dann mögt ihr zuschauen, was aus euern Weibern und Töchtern wird." Schon am nächsten Tage war die Ergebenheits-Adresse an den Kaiser, ihren neuen Gebieter, mit zahlreichen Unterschriften bedeckt. An den Eingängen in die Abstimmungssäle wurden den Wählern Stimmzettel mit „Ja" in die Hände gedrückt und an den Urnen stimmte der Wahlcommissär für jeden, der keinen Zettel mitbrachte.

Also überall dieselbe Gefangennahme der öffentlichen Meinung, dieselbe Anlockung der Einen und Einschüchterung der Andern; überall dieselbe polizeiliche Einleitung und Organisirung der aufzuführenden Komödie; überall dasselbe Gaukelspiel oder derselbe Gewaltstreich, jenachdem man es vom Standpunkte des Siegers im Kampfe oder von jenem des Unterliegenden ansieht. Aber der stärkste Beweis gegen die Wahrhaftigkeit dieser Maßregel liegt in der angeblichen allgemeinen Anwendbarkeit derselben. Wo etwas in der Heilkunde als Universalmittel angepriesen wird, mag man vorab überzeugt sein, daß dabei eine Charlatanerie zu Grunde liegt. So ist es auch mit den Heilmitteln in der Politik. Die Weisen aller Zeiten und Länder stimmen darin überein, daß sich eins nicht für alle schickt. Wenn daher eine politische Vorkehrung bei den hochgebildeten Franzosen und bei den ungeschlachten Bewohnern des Königreichs Romanien von gleicher Wirkung und gleichem Erfolge sein soll, so braucht man nicht mehr von ihr zu wissen, um zu urtheilen, in welche Kategorie sie gehört. In der

That hat sich das Schauspiel, das Fürst Couza im Mai 1864 in der Moldau und Walachei aufführen ließ, von jenen, die in Paris, in Nizza, in Toscana und den Emilischen Provinzen abgespielt wurden, nur in der Rohheit, nicht im Wesen des dabei eingehaltenen Vorganges unterschieden. „Heute hat die Abstimmung begonnen", hieß es in einem Schreiben aus Bukarest vom 22. Mai, „und schon in aller Frühe, noch vor Tagesanbruch, sind die Viertelmeister der Polizei-Präfectur in Begleitung von Dorobanzen in die Vorstädte hinausgeeilt, um Bauern, Taglöhner und sonstiges Proletariat zu wecken und in die Stadt zu treiben. Dabei kommt der Umstand zu statten, daß heute Sonntag ist und daher Arbeit und Geschäfte ruhen. In den Wirthshäusern war schon frühe geschäftiges Leben und die meisten dieser neubackenen Bürger Romaniens hatten wacker dem Branntwein zugesprochen, wofür ihnen das Geld von derselben Seite, von der das Stimmrecht kam, zugeflossen zu sein scheint. Die Abstimmung geschieht auf dem Polizeihause unter dem Vorwand, daß dieses Locale geräumiger sei. Von der Straße und aus den Wohnungen werden die Leute zur Abstimmung gezerrt; eine Anzahl von Personen hatte sogar für heute Vorladungen auf die Präfectur erhalten, und als sie sich vorstellten, wurde ihnen die eingetauchte Feder in die Hand gedrückt und das Register für die ‚Ja' vorgelegt. Das Register für die verneinenden Vota soll gar nicht aufliegen, wie mir so eben ein Bekannter mittheilt, der sich im Polizeihause das Spectakel angesehen. Wenn man hier so verfährt, wie mag es erst in den Districten, auf dem flachen Lande zugehen! Dorthin ist der Befehl abgegangen, daß heute in sämmtlichen Dorfkirchen eine Sonntagspredigt zu Gunsten der bejahenden Abstimmung gehalten werde."

Die Folge von allem dem ist, daß die Anwendung eines Vorganges, der angeblich nur dem Besten des Volkes gilt, zuletzt bei diesem selbst in Verruf gekommen ist. Als bei den letzten Londoner-Conferenzen der Vorschlag gemacht wurde, die Bevölkerung von Schleswig darüber abstimmen zu lassen, ob sie bei Dänemark bleiben oder zu Deutschland fallen wolle, verwahrten sich dänische Stimmen dagegen, indem das Land von den deutschen Großmächten besetzt sei. Wenn diese erklärt hätten, ihre Truppen aus dem Lande ziehen zu wollen, so würden deutsche Stimmen eine ähnliche Verwahrung eingelegt haben, weil man dann wieder unter dänische Verwaltung und Einflüsse käme. Richtet sich ein solches Blendwerk nicht selbst?

Doch die Sache hat ihre sehr ernsten Seiten. Das allgemeine Stimmrecht ist die **politische Existenzfrage, auf einen Zettel geschrieben.** Es liegt dabei, will man das Ganze nicht als leeres Possenspiel gelten lassen, ein Vertragsverhältniß zu Grunde: Do ut facias; woraus sich die juridisch-logische Folgerung ergibt: „Hörst du auf zu thun, warum ich dir gegeben habe, so höre ich auf zu geben und nehme das meinige zurück." Wo ein Weg hinauf ist, muß ein Weg hinunter sein. Napoleon III. that sich den Inhabern der angestammten Throne gegenüber etwas besonderes darauf zu gute, und legte in den ersten Jahren seiner Regierung bei jedem Anlasse darauf Nachdruck, der Erwählte von sieben und einer halben Million zu sein. In der letztern Zeit hat man diese Phrase, wenn wir richtig beobachteten, aus seinem und der Seinigen Munde seltener zu hören bekommen. Sollten ihnen die bedenklichen Folgerungen aus jener Thatsache nachgerade klar zu werden anfangen? Schon der erste Napoleon sagte einmal zu einem auswärtigen Diplomaten: „Ihr habt ein anderes Spiel. Euer Monarch kann eine Provinz verlieren, er bleibt dennoch was er ist. Eine einzige verlorne Schlacht macht meinen Thron wanken!" Der erste Napoleon war ein Kind des Kriegsglückes, der dritte Napoleon ist eines — der Ballotage. In der ersten Zeit der Präsidentschaft sagte der kleine boshafte Thiers im Palais Elysée, auf den damaligen Präsidenten Louis Bonaparte hinweisend: „Er tanzt zwar nicht auf einem Vulcan, aber — auf einer Majorität." So hoch Napoleon's Stern jetzt steht und glänzt, ist er gefeit gegen jeden Umschwung der öffentlichen Meinung? Und wenn es nun käme, daß die Opposition in den Kammern, in den Vertretungskörpern der öffentlichen Meinung des Landes, in demselben Grade fortwüchse, in welchem sie in den letzten Jahren zugenommen hat: was hätte er ihr vom Standpunkte des Principes, durch das er sich auf seinen Posten gestellt erblickt, entgegen zu setzen? Die Mehrheit der Stimmen des Landes hat ihm die Gewalt doch nicht dazu gegeben, damit er diese Gewalt gegen den Sinn der Stimmenmehrheit des Landes behalte und gebrauche. „Die öffentliche Meinung ist schwankend, und wenn ihr heute etwas nicht recht ist, folgt daraus noch nicht, daß es ihr auch morgen nicht recht sein werde." Vollkommen einverstanden! Doch so kann nur ein Staatsoberhaupt sagen, das den Ursprung und die Bürgschaft seiner Gewalt nicht eben auf diese öffentliche Meinung begründet hat, nicht aber Du, das Schoßkind der Stimmenmehrheit. Denn siehst Du die Meinung, die heute mit Deinem Thun und Lassen nicht einverstanden ist, für eine schwankende an, wie kannst Du jene Meinung, die Dir damals die Macht zu Deinem Thun und Lassen überliefert hat, für eine dauernde betrachtet wissen wollen? Schon sind Stimmen in Frankreich laut geworden, welche diese Saiten anklingen. „Wie", rief Garnier-Pagès in dem jüngsten Proceß der Dreizehn aus, „sollten die Wähler nicht das Recht haben, sich untereinander zu verständigen, um zu wissen, auf wen sich ihre Stimmen vereinigen? Wenn das nicht der Fall sein darf, so gibt es keine Regierung in Frankreich und das allgemeine Stimmrecht ist nichts als eine ungeheure Lüge!" „Wenn Ihr uns nicht erlaubt, unsere Ideen auszutauschen, unsere Sympathien zu äußern", sprach Berryer, „dann rufe ich es laut, das allgemeine Stimmrecht ist Lüge, es nährt sich von der Unwissenheit, gedeiht nur in der Finsterniß, es flieht vor dem Licht und scheut die Aufklärung." „Ich hoffe", schloß Drée seine Vertheidigungsrede, die eigentlich, wie die aller andern, eine Anklagerede wider die Regierung war, „daß wir eines Tags dieser Ungerechtigkeiten los sein werden." „Was wollen Sie damit sagen?" „Das ist nur ein Wunsch, den ich ausspreche, Herr Präsident."

Es sind das keine leeren Vernünfteleien, die wir hier vorbringen; wir können uns auf einen geschichtlichen Vorgang berufen. Die ehemalige polnische Republik, dieses Musterbild eines auf den Grundsatz der Wahlfreiheit errichteten Staatsgebäudes, in welchem die Nichtzustimmung sogar eines einzigen Wahlbürgers den Wunsch aller übrigen zu nichte machte, wußte aus dem Grundsatze des allgemeinen Stimmrechtes genau dieselben Folgerungen zu ziehen, die von uns so eben angedeutet wurden. Im schwedischen Kriege 1704 wurde König August II. vom Reichstag förmlich abgesetzt und das Recht dazu aus dem Geiste der polnischen Verfassung hergeleitet. „Die Macht und das Wesen dieser freien Nation besteht allein darin", — so hieß es in den Universalien, womit nach Absetzung August's II. vom Interrex eine Neuwahl ausgeschrieben wurde — „daß wir jene, die wir freiwillig in Erwartung ihrer Tugenden aufgenommen haben, wegen ihres üblen Verhaltens wieder abschaffen können. Denn unsere Wohlfahrt besteht nicht bloß darin, daß wir uns freiwillig einen Herrn erwählen, sondern auch, daß wir unter ihm frei, ohne Verletzung unserer Rechte, leben können. Die freie Wahl bringt es mit sich, daß wir in dem Urtheil der Wahl oft fehlen; die freie Absetzung der Könige aber bringt dieses mit sich, daß wir verbessern, wenn etwas durch eine unvorsichtige Wahl gefehlt wurde."

Auch jüngster Tage wurde diese Nutzanwendung der Theorie vom allgemeinen Stimmrecht nicht übersehen, wurde diese Verfolgung derselben bis in ihre äußersten Consequenzen versucht, obgleich nicht von einem Franzosen, sondern von einem Deutschen. Der geistreiche und leichtfertige Franzose weiß, daß alles irdische eitel, daß nichts unter dem Monde beständig und von Dauer ist. Wenn er ein kühnes Wort in die Welt hinauswirft, so ist es ihm eigentlich nur um den augenblicklichen Erfolg zu thun; hat der Mohr seine Schuldigkeit gethan, so mag er gehen. Allein dem gründlichen Deutschen ist es mit allem, was ihm in den Wurf kommt, bitterer Ernst, und er läßt davon nicht ab, bis er es nicht ausgesponnen hat, so weit es sich ausspinnen läßt. So setzte sich denn auch, aus Anlaß der vorgeschlagenen Abstimmung in Schleswig-Holstein, ein deutscher Publicist darüber her, „das allgemeine Stimmrecht und dessen staatsrechtliche Bedeutung" zu erforschen [1]). „Das allgemeine Stimmrecht", brachte er heraus, „ist eigentlich nur eine Ergänzung dessen, woran thatsächlich unsere sämmtlichen Staatsgewalten leiden. Die Staatsrechtslehrer legen ihrer Theorie einen Vertrag

---

[1]) Am 9. Sept. 1864 stand der Redacteur vom „Nürnberger Anzeiger" wegen eines Artikels mit jener Ueberschrift vor dem Schwurgericht in Anspach.

zwischen Fürst und Volk zu Grunde; aber wo existirt dieser Vertrag in Wirklichkeit, oder hat er je existirt? Nein! Da muß nun das allgemeine Stimmrecht nachholen, was von Anfang her verabsäumt worden. Die sogenannten legitimen Fürsten sind in Wahrheit die illegitimsten, weil ihre Herrschaft der vertragsmäßigen Grundlage entbehrt. Jetzt ist die Zeit gekommen, wo man gezwungen sein wird, jene monarchische Irregularität zu ergänzen. Die Anwendung des allgemeinen Stimmrechts wird bei jedem Thronwechsel so nothwendig sein, als das Auflegen der Hände bei der Firmung. Von einem Nachfolgerecht auf den Thron kann ferner nicht mehr die Rede sein und ein Fürst darf nimmer hoffen, die Krone auf seinen Sohn zu vererben, wenn er mit dem Volk, das ihn zur Herrschaft berufen hat und nach ihm die Herrschaft wieder vergeben wird, zerfallen ist."

Der gute Mann hatte, wie man sieht, denn doch nicht den Muth, seinem System bis zum äußersten Folgesatz treu zu bleiben. Denn, wenn der Fürst mit dem Volke, von dem er vertragsmäßig die Herrschaft übernommen hat, zerfällt, warum soll ihn dieses erst dadurch strafen dürfen, daß es den unbetheiligten Sohn die Unfügsamkeit des Vaters entgelten läßt? Consequent kann doch nur gesagt werden: Wenn der Fürst durch einen Vertrag mit dem Volke auf den Thron gelangt, so kann ihm das Volk, falls er an demselben vertragsbrüchig wird, die Herrschaft wieder entziehen. Mit andern Worten: das allgemeine Stimmrecht, das Fürsten einsetzt, muß sie auch absetzen können.

Wir haben diese Sätze nicht etwa darum vorgeführt, um sie zu bekämpfen; das hieße ihnen wahrhaftig zu viel Ehre anthun. Derlei Sachen verdienen keine Antwort, höchstens eine Abfertigung. Gehört doch die ganze Anmassung und Beschränktheit eines verschrobenen Kopfes dazu, Verhältnisse, die keine geringere Grundlage als die gesammte geschichtliche Entwicklung der menschlichen Gesellschaft haben, auf die Spitze eines flüchtigen Theorems zu stellen!

Nur über die Art und Weise, wie man das großsprecherische Wort des allgemeinen Stimmrechts zur trügerischen That werden läßt, bringen sich uns noch einige ernste Betrachtungen auf. Welches ist der Weg, auf welchem der allgemeine Volkswille angegangen, welches ist die Grundlage, auf welcher die Offenbarung desselben angestrebt wird?

Die Phrase ist es und die Masse.

Eine Phrase, ein Losungswort, eine kurze und doch inhaltschwere Formel ist es, die dem Volkswillen, nicht etwa zur vorläufigen Berathung, sondern zur unmittelbaren Entscheidung vorgelegt wird. Wenn dem Beschlusse der altrömischen Comitien eine staatsrechtliche Frage anheimgegeben wurde und sie darüber einzig mit „Ja" oder „Nein" abzusprechen hatten, oder wenn heutzutage der Körperschaft der Geschwornen eine Frage des Thatbestandes gestellt wird, hinsichtlich welcher mit „Schuldig" oder „Nichtschuldig" zu erkennen ist, so hatte und hat diese Art der Stimmenabgabe ihre volle Berechtigung. Denn ehe das römische Volk nach Curien oder Centurien auseinander ging, bestieg ein Redner nach dem andern die Bühne auf offenem Markte und diese ergriffen die Gelegenheit, die Gründe für und die Gründe wider die beabsichtigte Maßregel in einer dem Volke verständlichen Weise darzulegen, sich bald an den Verstand, bald an das Gefühl ihrer Zuhörer wendend. Und ehe die Geschwornen um ihren Ausspruch des „Schuldig" oder „Nichtschuldig" angegangen werden, haben sie die Auseinandersetzung des öffentlichen Ministeriums und die Vertheidigungsgründe des Angeklagten, haben sie die Belastungs- und Entlastungszeugen, haben sie Schlußrede und Gegenschlußrede zu vernehmen und daraus die Anhaltspunkte zur Schöpfung ihres Beschlusses zu gewinnen. Doch ist von etwas dergleichen bei dem suffrage universel, wie wir davon in Frankreich, in Savoyen und Nizza, in Mittelitalien, in Romanien Gebrauch machen sahen, irgend wie die Rede? Denkt man auch nur daran, der Stimmenabgabe eine eingehende Erörterung vorangehen zu lassen? den Verfechtern der einen und der andern Meinung Gelegenheit zu geben, vor der zum Spruche berufenen Menge ihre Gründe und Gegengründe zu entwickeln? den Abstimmenden, ehe man ihnen ihr Urtheil abfordert, die Möglichkeit zu bieten, sich Anhaltspunkte zur Schöpfung desselben zu verschaffen? Nichts von allem dem! Das allgemeine Stimmrecht hat von den altrömischen Comitien und von den Schwurgerichten der Neuzeit das kurze, bequeme und klare S c h l u ß verfahren des Ja und Nein entlehnt; es hat aber das diesem Schlußverfahren vorangehende V e r h a n d l u n g s verfahren, aus welchem sich doch erst das zusprechende oder absprechende Urtheil herausbilden soll, einfach weggeschnitten. Das ist allerdings noch kürzer und bequemer, aber klar ist dabei nichts als die grundlose Willkür der Forderung und die offenbare Zufälligkeit der Erfüllung. Es ist die Phrase ohne Base, das Urtheil ohne Elemente des Urtheils, die Entscheidung ohne Gründe der Entscheidung. Es ist mit einem Worte, wie wir schon früher sagten, eine wahre G e f a n g e n n a h m e der öffentlichen Meinung, ohne derselben früher Zeit und Ort gegönnt zu haben, sich zu sammeln, zu bilden, frei zu entfalten. Oder meint man etwa, die freie Presse, die Publicistik, die öffentlichen Blätter seien es, die das Geschäft der Reden pro rostris oder des Anklägers und Vertheidigers auf sich nehmen? Selbst wenn man die Presse im allgemeinen und als Ganzes auffassen und sagen wollte, es fänden sich in ihr doch beide Seiten der Frage vertreten, so wäre dagegen zu bemerken, daß die Presse, namentlich b e i , und geraume Zeit v o r solchen Anlässen, niemals s o frei ist, daß sich die den Wünschen der Gewalthaber entgegengesetzte Meinung in gleicher Weise und mit gleichen Mitteln, wie dieß auf der begünstigten Seite der Fall ist, zur Geltung bringen ließe. Aber wenn es dann zur Ausführung kommt, so ist es nicht die öffentliche Meinung im Großen, es ist nicht der allgemeine Volkswille als Ganzes, sondern es ist die in Tausende oder Millionen von Köpfen aufgelöste Mehrheit, es ist jeder Einzelne aus diesen Tausenden oder Millionen, auf dessen Stimmenabgabe es ankommt, und da läßt sich mit Grund fragen: Wie viel gibt es unter jenen, die zur Abstimmung berufen werden, denen die öffentlichen Organe beider Theile gleich zugänglich sind? Ja wie viel gibt es nicht darunter solcher, denen überhaupt nur ein Organ der öffentlichen Meinung zugänglich ist?

Denn nicht der Kern, sondern die Masse der Bevölkerung ist es, um die es den Veranstaltern des großen Trugwerkes zu thun ist. Sie hantieren nicht mit der Auswahl jener, die Verständniß und Erfahrung zur Theilnahme an so wichtigen Entschlüssen befähigen, sondern in Pausch und Bogen mit der ununterschiedenen Menge derjenigen Classen, die nach ihrer Kopfzahl, aber nicht nach dem Antheil, den sie an den öffentlichen Interessen und Bedürfnissen nehmen, den Ausschlag geben. Wahrlich, wenn das, was uns die neue Theorie und Praxis des allgemeinen Stimmrechts bieten will, ein Fortschritt in der Behandlung öffentlicher Angelegenheiten sein soll, dann erklären wir uns unumwunden und ohne Scheu für den entschiedensten Rückschritt! Unserer Ansicht nach besteht die wahre politische Freiheit nicht darin, daß alle in allem mitthun, sondern darin, daß jeder das seinige thue. Es heißt sich versündigen an allem, was die Menschheit Schönes, Edles, Hervorragendes hat, wenn man es durch irgend eine Veranstaltung mit dem Allgemeinen und darum Gemeinen auf eine Linie stellt. Was für Viele gethan werden soll, kann darum nur von Solchen ausgehen, die für Viele zu überlegen und zu beschließen im Stande sind. In allen auf den Grundsatz der politischen Freiheit gebauten Verfassungen waren es zu allen Zeiten die Aristoi, in deren Hände die Ausübung der Befugnisse der Gesammtheit gelegt wurde. Auf dieser und keiner andern Grundlage ruht auch das Wesen der Repräsentativ-Verfassung. Die Berechtigung wird nach weitesten constitutionellen Begriffen als eine allgemeine angenommen, nicht aber die Befähigung. Dieser Gedanke liegt allen Bestimmungen über die Eigenschaft des passiven und über die Ausübung des activen Wahlrechts zu Grunde. Denn nicht bloß darum, weil thatsächlich nicht Alle an den Staatsgeschäften unmittelbaren Antheil nehmen können, sondern auch darum, weil bei der Verschiedenheit der menschlichen Fähigkeiten und Beschäftigungen nicht jeder sich dazu schickt, ist es eingeführt, daß die Menge jene Männer zu ihren Vertretern wähle, denen sie für diese Art von Beschäftigung die nöthige Fähigkeit zutraut. Wäre dieß nicht die richtige Auffassung, wäre nicht anzunehmen, daß die Bevölkerung überall denjenigen in die politischen Vertretungskörper zu senden habe, der ihr als der tauglichste, als der beste gilt, so wäre es ja einfacher, unter den Bewerbern um dieß Vertrauensamt das Los entscheiden zu lassen!

Doch selbst der Beruf der wahren Vertreter kann niemals so weit gehen, die **Daseinsfrage** der obersten Macht im Staate und des von Anbeginn berechtigten Trägers derselben zu erörtern, weil sie dadurch ihren eigenen Bestand und Beruf, den sie ja doch nur auf den ursprünglichen Zusammenhalt jener obersten Macht zurückführen können, in Frage stellen und folglich unwirksam machen müßten. Das wäre ein sich selbst verneinender Kreislauf, ein circulus vitiosus.

6.

Ein falsches Princip kann unmöglich zu einer gewissen Herrschaft gelangen und solche durch längere Zeit behaupten, wenn ihm nicht irgend eine wahre Idee zu Grunde liegt. So ist es auch mit dem Nationalitätsprincip. Die Idee der Nationalität hat, wie wir schon früher aussprachen, ihre tiefe Bedeutung, und einzig der Gebrauch, den man von gewisser Seite zur Regelung des äußern Bestandes der Staaten des künftigen Europa von ihr machen möchte, ist unrichtig und vergriffen.

Das Nationalitätsprincip, das weder Berechtigung noch Durchführbarkeit in der äußern Politik hat, besitzt beides in vollem Maße in der innern. Es ist das eine Wahrheit, die in der Gegenwart, so heftig und erbittert man sich von vielen Seiten dagegen sträuben mag, täglich mehr Anerkennung findet. „Die Nationalitäten", sagt ein deutscher Schriftsteller, „müssen gegen eine Cabinetspolitik Recht behalten, die sich überlebt hat, weil sie nur mechanische Kräfte und nicht den Organismus in Betracht zog. Die bloße Verwaltungsmaschine kann in keinem Staate frisches gesundes Leben schaffen oder bewahren; ein solches entquillt nur einer unverkümmerten Volksthümlichkeit. Unsere Zeit arbeitet darauf hin, große staatliche Organismen zu bilden, die in sich mannigfach gegliedert sind und den einzelnen Bestandtheilen und Angehörigen für alles, was sie zunächst angeht, freien Spielraum lassen, während zugleich das, was allen Angehörigen gemeinsam ist, seine volle Befriedigung findet. Dieser Organismus erkennt die Mannigfaltigkeit in der Einheit an, welche ein Erzeugniß allgemein begriffener Nothwendigkeit ist; er macht sich geltend im Föderalismus, in einem gegliederten Bundesverhältnisse, das den Gegensatz zum mechanischen Bureaustaate bildet, eine freie Entfaltung aller Theile gestattet, die Mängel der einzelnen ergänzt und auf diese Weise ein kräftiges Gemeinwesen möglich macht, ohne auf die einzelnen durch Zwang zu drücken" [1]).

Das eine hat jedenfalls unsere Zeit vor den früheren Jahrhunderten voraus, daß man heutzutag Länder und Völker nicht mehr als bloß mechanisch wirkende Kräfte zuzählen und zuwägen kann, wie das noch auf dem Wiener Congresse geschah. Nicht als ob es sich in jetziger Zeit nicht mehr ereignen könnte, daß einzelne Stücke Landes, um eines höhern Interesses willen, ohne oder gegen den Willen ihrer Bewohner dem Einen abgenommen, dem Andern zugeschlagen würden. Solche Fälle werden vorkommen, so lange es eine Staatengeschichte gibt. Allein davon abgesehen, müssen sich alle Regierungen von Europa mehr wie je aufgefordert fühlen, ihre Stärke in der innern Befriedigung der Völker zu suchen, um im wohlverstandenen Einklange mit diesen den dauernden Grund zu ihrer äußern Sicherheit und Unverletzlichkeit zu legen. Wer heutzutage in Europa seinen politischen Calcul machen will, ohne die „liberalen Ideen", die der erste Napoleon haßte und so lange verfolgte, bis sie ihn stürzen halfen, und ohne die Nationalitäten in Rechnung zu bringen, und zwar als positive und active Factoren in Rechnung zu bringen, der mag alles mögliche sein, aber der rechte Staatsmann ist er nicht.

Die Idee der Nationalität in ihrer richtigen Anwendung ist weder, wie die einen befürchten, ein dem europäischen Staatsleben an und für sich feindseliges Princip, noch darf sie, wie andere gern möchten, gleich einer vorübergehenden Liebhaberei leicht genommen oder wohl gar mißachtet werden. Wohl aber tritt an jene, die sich als geistige Führer dieser Idee in die erste Reihe stellen, die Mahnung heran, reiflich zu erwägen, welches der richtige Weg sei, um ihrem Volksstamme zu dem, was er als solcher beanspruchen kann, zu verhelfen.

Um das, was an der Nationalitätsidee wahres ist, zu verwirklichen, braucht ein Volksstamm nicht eben staatlich selbständig und abgeschlossen zu sein, wozu es ihm vielleicht an den erforderlichen Bürgschaften gebricht. Manche Völkerschaften sind zu klein, um inmitten der großen europäischen Staatenbildungen ein unabhängiges Dasein zu fristen. Einige sind räumlich zu zerrissen, mit andern vermischt, oder partienweise unter anderen eingesprenkelt, um sich von und aus denselben zu einem zusammenhängenden Ganzen loslösen zu können. Bei den dritten endlich mangelt es dem von

---

[1]) „Die westslavischen Völker, ihre Stellung in Europa und ihre Bestrebungen." Lorck's Zeithefte Nr. 9 (1859) S. 3 f. Der Verfasser des Aufsatzes ist Dr. Carl André in Dresden. Uns ist in dieser ganzen Stelle nur ein Ausdruck nicht recht, Föderalismus (Bundesverhältniß), der uns jederzeit als ein unpassender, weil leicht irreführender, erschien. Auch hat er mit dem, was gesagt sein wollte, im allgemeinen nichts wesentliches zu schaffen.

ihnen bewohnten, wenn auch zusammenhängenden Gebiete an jeder natürlichen Abscheidung, die ihm eine andere Gewähr der Achtung seiner Gränzen als den guten Willen seiner mächtigeren Nachbarn böte.

Allein selbst bei jenen Volksstämmen, die nach ihrer Kopfzahl, Gebietsdehnung und natürlichen Begränzung die Eignung hätten, inmitten der massenhaften staatlichen Organismen des heutigen Europa eine besondere Stelle einzunehmen, ist es nicht immer nothwendig, ja nach ihrer vorausgegangenen Entwicklung nicht einmal räthlich, die Form des Einheitsstaates als ihr letztes Ziel anzustreben.

Das unüberlegte Streben, in falscher Anwendung des Nationalitätsprincipes staatliche Existenzen zu schaffen, welchen die dazu unumgänglichen Voraussetzungen abgehen, oder staatliche Einheiten zuwege zu bringen, welche den Eigenthümlichkeiten gewisser Völkerfamilien nicht entsprechen, dieß ist es, was nicht bloß die Ruhe unseres Welttheiles wiederholt erschüttern mußte, sondern auch das wohlverstandene Interesse der fraglichen Nationalitäten selbst wesentlich gefährdet.

Es sei uns gestattet, diese Behauptung an den Beispielen von Italien und Deutschland, und dann an jenem von Polen genauer nachzuweisen.

Worüber sich die Italiener zu beklagen hatten, war niemals die Beengung oder Bedrückung ihrer Nationalität, die man den völlig italienisirten Fürstengeschlechtern fremder Herkunft nicht im mindesten zum Vorwurf machen konnte. Es wurde schon oftmals die Bemerkung gemacht, daß die wenigsten von den größeren Staaten Europas von einem einheimischen Herrscherhause regiert seien. Das russische Kaiserhaus ist deutscher Abkunft das schwedische französischen Ursprungs; Frankreichs Thron hat gegenwärtig ein italienisches Patriciergeschlecht inne; die Krone Spaniens trägt ein französischer, jene Englands ein deutscher Fürstenstamm. Aber haben diese Völker darum jemals Unzufriedenheit bezeigt? Hatten sie irgend über Verkümmerung ihrer Nationalität zu klagen? Fühlen sie sich unglücklich, bloß deshalb, weil nicht von Anfang her das Blut ihrer eigenen Race in den Adern ihrer Fürsten rollte, die der That und Wirklichkeit nach seitdem längst Russen, Schweden, Franzosen, Spanier und Briten von bestem Schrott und Korn geworden sind? Warum nun sollte sich gerade nur der Italiener darüber zu beschweren haben, und welcher Grund läßt sich dafür anführen, gerade nur bei ihm die Klage, die er um jenes Umstands willen erhebt, gerecht zu finden? Selbst der Venetianer und Lombarde, unter dem Scepter eines außerhalb der Marken Italiens residirenden Herrscherhauses, hatte niemals eine Verkümmerung seiner Nationalität zu erdulden. Die Verwaltung des Landes war italienisch von unten bis hinauf; das Recht wurde dem Italiener in allen Instanzen von Männern seines Stammes und seiner Zunge gesprochen; das Unterrichtswesen von der Volks- bis zur Hochschule hinauf und bis zu den Akademien der Wissenschaften und der schönen Künste in Mailand und Venedig war durchaus italienisch. Es war niemals und in keiner Richtung der italienische Geist, der sich unter österreichischer Herrschaft über Druck zu beklagen hatte: es war immer nur der revolutionäre Geist, gegen welchen die Regierung, und mit gutem Grund, ankämpfte.

Der italienische Schmerzensschrei war und ist überhaupt im Punkte der Nationalität kein ursprünglicher, sondern ein abgeleiteter. Worüber die Italiener mit Recht Klage zu führen hatten, war das arge Mißregiment in vielen Ländern der Halbinsel, die Vorenthaltung der von einem so hoch= gebildeten Volksstamme mit Recht geforderten politischen Freiheit in den meisten. Die Wurzel dieses Uebels erblickten sie in dem durch den Wiener Congreß geschaffenen Zusammenhalt ihrer Regierungen untereinander und mit der österreichischen, in einer Verschwörung der italienischen Cabinete gegen die Freiheit der italienischen Stämme. Darum glaubten sie dieses Gut am sichersten zu erreichen, jenen Uebelständen am gründlichsten abzuhelfen, wenn sie sich ihrer bisherigen Regierungen entledigten, und da diese letzteren, bis auf zwei, nicht=italienischen Ursprungs waren, so knüpfte sich der Neben= gedanke vom „Hinauswerfen" aller „Fremden" an den ersten ursprünglichen von einer dauernden Verbesserung ihrer politischen Zustände.

Jenes „Hinauswerfen" ist bekanntlich so ziemlich gelungen; ist damit aber das eigentliche Ziel erreicht worden? Ist Italien in seinem Innern be= ruhigt? ist es glücklich? ist es in Wahrheit frei und unabhängig? Es sieht nicht darnach aus! Gerade in jenem ihrer Länder, aus welchem früher die schwersten Anklagen über Tyrannei und Grausamkeit zu vernehmen waren, ist jetzt die Wirthschaft eine erbärmlichere und bedauernswürdigere als je. Das verschriene Haus der Bourbons hat in vier Jahrzehnten nicht halb so viel Menschen verfolgt, gepeinigt, eingesperrt und hingeschlachtet, als das glorreiche Regiment des Königs Ehrenmann in ebenso vielen Jahren. Die mazzinische Verschwörung blüht in allen Theilen der Halbinsel nicht bloß in gleichem Grade wie vor dem Jahre 1860, sondern in bei weitem höheren. Italien hatte in den ersten zwanziger Jahren eine Reihe hartnäckiger Mili= tärrevolutionen zu bestehen; es wurde in den Revolutionsjahren 1848 und 1849, die ganz Mitteleuropa aus den Fugen brachten, gewaltig erschüttert; aber in gewöhnlichen Zeitläuften hat ein so blutiges Ereigniß, wie jenes in den letzten Septembertagen zu Turin, in der ganzen Zeit seit dem Wiener Con= gresse unsers Erinnerns nicht statt gefunden. Was aber die Frage der ita= lienischen Selbständigkeit und Unabhängigkeit betrifft, so wurde darüber in der letzten Zeit von dem greisen Grafen Solar della Margherita ein ernstes Wort gesprochen. „Der Fall", sagte er, „daß ein unabhängiger Staat mit einem andern über die Wahl seiner Residenz pactirt, steht ohne

Beispiel in der Geschichte da; es ist eine Erniedrigung, zu der sich nicht einmal der Vasall einem mächtigen Fürsten gegenüber je herbeigelassen hat. Ja ich bin überzeugt, daß der Fürst von Monaco den Antrag, seine alte Residenz in Monaco mit Mentone zu vertauschen, ohne weiteres zurückgewiesen hätte. Bewahre mich Gott vor einem gehässigen Vergleiche; aber bei Betrachtung des gegenwärtigen Zustandes Italiens kann ich mich nicht erwehren, an die Stellung des alten Griechenlands dem König Philipp von Macedonien und später Rom gegenüber zu denken, als es jeder Freiheit, jedes Ruhmes und jeder Macht beraubt war."

Oder soll etwa von der innern Ruhe, vom Glück, von der Freiheit und Selbständigkeit Italiens überhaupt keine Rede sein können, so lange auch nur ein Stück italischen Bodens in der Hand des Fremden ist? Wir sind nicht dieser Meinung! Die apenninische Halbinsel mag von ihren Nachbarstaaten den letzten Italiener ausgeliefert erhalten, der ihnen derzeit noch als Unterthan angehört, so wird das nicht den Ausschlag geben. Die Hauptfrage ist, ob in Italien die Bedingungen vorhanden sind, einen Einheitsstaat zu bilden, und mit dieser Annahme steht Italiens geschichtliche Entwicklung durchaus im Widerspruch. Italien war einmal Bestandtheil des römischen Weltreiches, es hat aber niemals für sich einen abgeschlossenen Einheitsstaat gebildet, und die eigentliche Natur des Italieners scheint einer solchen Einrichtung zu widerstreben. „Sie werden es so lange treiben", sagte uns ein Kenner italienischer Zustände, „bis sie zuletzt die italienische Einheit auf fünfzig Jahre hinaus satt bekommen." Nein, das einheitliche Italien ist nicht glücklich und es sehnt sich vielleicht jetzt schon nach Verhältnissen zurück, die ihm durch den ganzen Verlauf seiner Entwicklung eigenthümlich waren, unter denen, trotz der Theilung unter verschiedenen Herrschaften, der italienische Geist, die nationale Literatur und Kunst ein gemeinsames Band um alle Bewohner der herrlichen Halbinsel von den Alpen bis zu den äußersten Ausläufern der Apenninen schlang, und die staatliche Würde und Selbständigkeit der italienischen Staaten besser gewahrt wurde als unter den gegenwärtigen Verhältnissen. „Carl Albert", sagt Graf Solar della Margherita „regierte nur über fünf Millionen Unterthanen; aber auf sein Recht gestützt, ohne Ueberhebung und ohne Stolz, duldete er nie, daß irgend eine Macht ihm Gesetze vorschrieb. Er ließ sich dergleichen von Oesterreich nie gefallen und gab nicht einmal dessen Einfluß nach, wie diejenigen wissen, die im Staatsarchiv nachforschen können. Die Regierung Louis Philipp's erhielt von ihm kein einziges Zugeständniß, nicht einmal die Zulassung einiger Pariser Blätter, und als sie in einem Streit Piemonts mit Tunis Drohungen vernehmen ließ, erklärte Carl Albert, daß er trotz der Ungleichheit der Macht Frankreich gegenüber auf sein Recht nicht verzichte, und ließ seine Flotte rüsten. England nahm die Haltung des Königs in der spanischen Angelegenheit übel; allein so lange Don Carlos noch seine Fahne irgend wo aufgepflanzt hatte, ließ sich Carl Albert weder durch die Anzüglichkeiten, noch durch die Rancünen Lord Palmerston's einschüchtern. Das hinderte aber weder Frankreich, noch Oesterreich und England, sich in wichtigen Fragen ihm gefällig zu zeigen." Läßt sich von dem gegenwärtigen sogenannten Königreich Italien, das sich doch fünf bis sechsmal hunderttausend Streiter in's Feld zu stellen brüstet, dasselbe sagen? Der einheimische Unterdrücker ist der Lehensträger von Frankreich, und Millionen von Unterdrückten sehnen sich nach Befreiung von anderwärts. —

Die deutschen Länder haben, mit geringen Ausnahmen, über keine Mißregierung zu klagen. Die Verwaltung, die Gerechtigkeitspflege, das öffentliche Unterrichtswesen ist fast überall auf das trefflichste bestellt; der nationale Geist entfaltet sich frei und ungehindert nach allen Richtungen. Und doch treffen wir auch hier dieselbe brennende Sehnsucht, von der Italien bis zum Jahre 1860 verzehrt wurde, nach der Vereinigung in einen gemeinsamen einheitlichen Staatsverband. Ist dieses Ziel zu erreichen, ohne das kostbarste darüber preiszugeben? Wie läßt es sich unter den heutigen Verhältnissen denken, daß Deutschland zur gewünschten staatlichen Einheit gelange? Mit Oesterreich und Preußen gewiß nicht. Beide Staaten sind zu groß und mächtig, um sich in irgend einen Rahmen, der nicht ihr eigener ist, zwängen zu lassen. Also ohne Oesterreich und Preußen! Dann leistet das sogenannte „reine Deutschland" auf einen großen Theil seiner Stammesgenossen, die dem österreichischen und preußischen Staatsgebiete angehören, feierlich Verzicht! Ferner: Ohne Oesterreich und Preußen, also möglicherweise gegen Oesterreich und Preußen, während von der andern Seite Frankreich das alte Spiel beginnen würde, ein Stück Deutschlands nach dem andern an sich zu reißen. Anstatt also dem Ziele einer theils unmöglichen theils gefährlichen deutschen Staatseinheit nachzujagen, scheint es gerathener zu sein, auf der vorhandenen Grundlage, d. i. der Vertheilung des Hauptstammes in verschiedene und durch ihn doch aneinander gebundene Zweige, fortzubauen.

Wir hatten schon früher Gelegenheit, uns über diesen Gegenstand auszulassen. Wenn gleich das Verlangen nach staatlicher Einigung bei dem Deutschen darum begründeter erscheint als bei dem Italiener, weil die deutsche Geschichte Jahrhunderte hindurch in der That das großartige Bild eines einheitlichen, mächtigen, weltgebietenden Staatsganzen entrollt, so läßt sich doch der Lauf der Ereignisse, die sich seitdem entwickelten, nicht willkührlich und gewaltsam zurückmachen, und Thatsache ist es einmal, daß auf jene Jahrhunderte andere folgten, während welcher die einzelnen deutschen Stämme und Gebiete immer mehr in ihrer Eigenheit erstarkten und verschiedene staatliche Existenzen daraus erwuchsen, die, wohl miteinander aber nicht ineinander verwachsen, zuletzt nur in einem Föderativverhältniß den Ruhe- und Stützpunkt ihrer nie verläugneten Zusammengehörigkeit finden konnten. Diese Vielfältigkeit in der Einheit erschien uns von jeher als ein wesentliches Merkmal der deutschen Zustände, wenn wir gleich den Wunsch nach einer innigeren Organisirung des politischen Gesammtlebens der deutschen Nation für ebenso begründet als erfüllbar halten. Es wird auf die Länge der Zeit nicht abzuweisen sein, dem deutschen Volke, das trotz aller seiner Schattirungen doch eines ist, einen Mittelpunkt gemeinsamen Zusammenkommens und Berathens zu schaffen, und wir hoffen und wünschen, daß dieß nicht im kleindeutschen Rahmen geschehe.

Doch eine Bedingung wäre zuvor zu erfüllen. Der Deutsche, der im vorigen Jahrhundert seinen Ruhm darein setzte Kosmopolit zu sein, ist im Laufe des jetzigen in nationaler Hinsicht ausschließend, unduldsam und, namentlich den östlichen Nationen gegenüber, übernehmend geworden. Er gibt bei jeder Gelegenheit ein sehr empfindliches Nationalgefühl kund, zeigt sich aber ziemlich ungehalten, wenn von Seiten der innerhalb der politischen Gränzen Deutschlands wohnenden andern Nationalitäten in ihrem Sinne das gleiche geschieht. Er sieht hier als Uebergriffe an, was er auf seiner Seite als ganz natürliche, ja löbliche und preiswürdige Aeußerungen volksthümlichen Bewußtseins betrachtet, und zeigt nicht übel Lust, mit dem Gebiete, das dem politischen Ganzen von Deutschland zugehört, die Bevölkerung, welche auf diesem Gebiete andersprachig wohnt, als ihm auch in nationaler Beziehung angehörig und gewissermaßen unterthänig zu behandeln. Doch dem ist nicht so und dem war nie so. Das Recht, das man für sich in Anspruch nimmt, muß man an dem Nächsten zu achten anfangen. Der Čechoslave, der Slovene werden, bei beruhigterem Gemüthe und reiferer Einsicht, gern bereit sein, mit ihrem deutschen Gebietsgenossen zur Weiterbildung jenes politischen Verbandes des deutschen Bundes beizutragen, der sich im Laufe einer tausendjährigen Geschichte entwickelt hat. Allein sie werden die Anforderung stellen, daß ihnen vorerst ausreichende Gewähr für die unverkümmerte Wahrung ihrer Nationalität im eigenen Lande gegeben werde. Das ist keineswegs eine neue Forderung. Derselbe Karl IV., der dem deutschen Reiche die goldene Bulle gab, war auch der erste, der dem Grundsatz der Gleichberechtigung der Sprachen und Nationalitäten Anerkennung zollte. Der 1. § des XXX. Capitels jenes Grundgesetzes beginnt mit der Feststellung der Thatsache, daß „die Erhabenheit des heilig. röm. Reiches die Gesetze und Regierung mancherlei an Sitten, Lebensweise und Sprache unterschiedenen Nationen zu reguliren hat", und enthält eine Reihe von Verordnungen, was bei so bewandten Umständen von Seite der Kurfürsten und Fürsten zu geschehen habe — Verordnungen, die ihrem Inhalte nach auf die jetzige Zeit wohl nicht mehr passen, die sich aber ihrem Geiste nach für alle Zeiten schicken.

Das fruchtlose Ringen nach staatlicher Einigung und Selbständigkeit, anstatt das vorzüglichste Streben in die Wahrung ihrer nationalen Eigenthümlichkeit zu setzen, hat keine Nation grausamer gebüßt als die pol nische.

Sind denn auch nur, wenn man die Sache ruhig und unbefangen prüft, die Bedingungen für ein selbständiges Polenreich unter den heutigen Verhältnissen vorhanden? Läßt sich ein nationales Polen als unabhängiger Staat denken, der auf's höchste gerechnet sieben Millionen Seelen einschlöße und zwischen drei Reichen ersten Ranges eingekeilt wäre, gegen deren einen nur, und auch da bloß theilweise, die Karpathen eine natürliche Scheidewand bildeten, während nach allen andern Seiten die viel gewundenen Gränzen in's flache verschwömmen? Und ein solches Polen sollte eine Vormauer Deutschlands gegen den Moskowiterstaat, sollte ein für das europäische Gleichgewicht nothwendiges Zwischenreich inmitten der drei östlichen Großmächte abgeben! Die Geschichte Polens lehrt überdieß, daß mit der staatlichen Selbständigkeit und Abgeschlossenheit eines einheitlichen Volksstammes nicht einmal der Talisman für dessen eigene Ruhe und Zufriedenheit gewonnen ist. Das polnische Reich war in den letzten Jahrhunderten seines Bestandes von Parteien ärger zerrissen, barg massenhaftere Unzufriedenheit in seinem Schoße, als irgend ein polyglotter Staat, und nicht etwa die anderssprachigen Zugehörigen des Polenthums, sondern Vollblutpolen selbst waren es, die bald nach St. Petersburg ihre Blicke und Schritte richteten, bald vom deutschen Kaiser Beistand in inneren Landesangelegenheiten begehrten. Allein selbst angenommen, daß sich später einmal die äußern Bedingungen zur Wiedergeburt eines unabhängigen Sarmatenreiches günstiger gestalten und daß es dann die Polen, durch traurige Erfahrungen belehrt, verstehen werden, von ihrer staatlichen Selbständigkeit einen bessern Gebrauch zu machen, als dieß in der letzten Zeit ihrer königlichen Republik der Fall war, so muß doch zugegeben werden, daß jedenfalls unter den Verhältnissen, wie sie sich seit dem Wiener Congresse herausgebildet haben, dieses Ziel nicht zu erreichen sei und daß jene, die es mit dem Polenthum aufrichtig meinen, von Anfang her etwas ganz anderes hätten als ihre Aufgabe betrachten sollen.

Die polnische Nation hatte die schönste Zukunft, wenn sie sich nach dem Wiener Congresse, die Möglichkeit vom Wiedererstehen ihres Reiches der Zukunft überlassend, mit der sorgsamen Pflege ihrer sprachlichen und gesellschaftlichen Volksthümlichkeit, mit der Entwicklung ihres Gemeinlebens und vor allem andern ihrer wirthschaftlichen Verhältnisse begnügt haben würde. Dafür waren ihr in den Wiener Verträgen die bündigsten Verheißungen gemacht, dafür war ihr von Rußland sogar eine eigene Verfassung, Verwaltung und Kriegsmacht gegönnt worden. Bei Oesterreich und Preußen traten zwar so weit gehenden Gewährungen schon die territorialen und ethnographischen Verhältnisse ihrer von den Polen bewohnten Gebiete hindernd in den Weg; diese beiden Staaten versprachen darum bloß, soweit es im Systeme ihrer betreffenden Regierungen liege, die Polen als Polen gut behandeln und die Entwicklung ihrer Nationalität achten zu wollen.

Doch weder in Galizien noch in Posen, woselbst, wie bemerkt, das Maß der dem Polenthume gemachten Zugeständnisse das bescheidenste war, brach die Revolution aus, sondern in Congreßpolen, das sich der ausgedehntesten Begünstigung der eingebornen Nationalität zu erfreuen hatte. Es ist das jedenfalls eine bezeichnende Thatsache, und es läßt sich mit einem hohen Grade von Wahrscheinlichkeit die Behauptung aufstellen, daß die polnische Revolution von 1830, der Ursprung und die Quelle aller folgenden, nie ausgebrochen wäre, wenn Kaiser Alexander in seiner schwärmerischen Hochherzigkeit den Polen nicht zu viel gegeben hätte, und daß die polnische Nation dabei besser gefahren wäre. Denn das muß bei der oberflächlichsten Betrachtung klar werden, daß ihr Zustand nach jedem der großen Aufstandsversuche von 1830 und 1863 ein nicht bloß bedeutend, sondern wesentlich ungünstigerer wurde, als er vor diesen Ereignissen war. Im Jahre 1830 hatte Polen noch seine abgesonderte Verfassung, es hatte seine eigene Verwaltung, es hatte sein eigenthümliches Kriegsheer. Es ist wahr, daß man über arge Verletzungen der Constitution zu klagen hatte und daß, unter allerhand Vorwänden, neben den polnischen Regimentern fortwährend auch russische Kriegsvölker im Lande blieben. Allein war dagegen gewaltsame Empörung das rechte Mittel? Sie bot nur Rußland die erwünschte Gelegenheit, den Polen das wieder zu nehmen, was es ihnen bis dahin gewährt hatte.

Dennoch kam noch einmal für Congreßpolen ein günstiger Zeitpunkt. Es waren das die ersten Regierungsjahre des jetzigen, zu Gewährungen und milden Maßregeln hinneigenden russischen Kaisers. Wenn wir Wielopolski's Pläne richtig auffaßten, so war er der Mann, sein begabtes Volk auf den rechten Weg zu führen und ihm die Bürgschaften einer bessern Zukunft, auch in politischer Hinsicht, zu verschaffen. Doch es wollte nicht, oder vielmehr, dessen verblendete Führer wollten nicht. Wird sich ein zweiter Wielopolski finden, nachdem jene, für deren Bestes er mit glühender Vaterlandsliebe gewirkt, dem ersten so schmachvoll lohnten? Und wenn sich ein zweiter fände, wird ihn Rußland gewähren lassen wie den ersten? Wohl scheint sich jetzt bessere Einsicht unter den Polen Bahn zu brechen. Letzter Zeit hielt ein geistvoller Artikel des „Dziennik literacki" (v. 9. Nov. 1864) seinen Landsleuten einen guten Spiegel vor. „Durch Leichtfertigkeit", sagte er, „haben wir unsere staatliche Selbständigkeit verloren, durch Leichtfertigkeit können wir auch unser volksthümliches Eigenwesen verlieren. Nationen wie einzelne Menschen erringen Kraft und Macht nur durch ernste Arbeit; sich auf das Schicksal verlassen, beweist Seelenschwäche und Unreife.

Gewerbe und Handel machen die wahre Stärke eines Volkes aus; allein diese lagen bei uns von jeher brach. Unser ganzes geistiges Leben zerfällt in zwei Theile: Archäologie und Geschichte, Sage und Dichtung. Wollen wir unsere Lage bessern, so müssen wir mit der Heranbildung unserer Kinder anfangen: wir müssen ihr die ausschließend ideale Richtung nehmen und einen mehr realistischen Charakter geben. Der größte Theil der polnischen Jugend, namentlich der vermöglichen Stände, erhält eine solche Erziehung, als wäre der Beruf des Menschen — das Faullenzen. Der Besitzer eines Dörfchens, von einem Haufen Kinder umgeben, erzieht sie alle so, als ob er jedem sein ganzes Vermögen hinterlassen könnte. Auf solche Art vermehrt sich mit jedem Jahre der zahlreiche Haufen eines gebildeten Proletariats, das der Nation nicht bloß nichts nützt, sondern geradezu schadet" u. s. w. Das sind richtige Bemerkungen; allein es ist sehr die Frage, ob der Mahnruf nicht zu spät kommt.

Die Lage von Polen, die Kraft und die Mittel der Nation waren nach 1830 ohne Vergleich ungünstiger als vor 1830; sie sind nach 1863 um ein weiteres ungünstiger als vor 1863. Vieles ist unwiederbringlich für sie verloren. Die lithauischen und kleinrussischen Gebietstheile, die seit 1830 consequent kirchlich russificirt wurden, werden jetzt, nach 1863, consequent sprachlich dem Polenthume entfremdet werden. Die Polen könnten bei einer dritten Erhebung, selbst wenn sich die Möglichkeit einer solchen denken ließe, nicht weiter auf sie zählen. Aber selbst im eigentlichen Polen wird es bald anders als früher aussehen. Was vordem doch mehr vereinzelt war, die Gründung russischer Niederlassungen, die Erbauung russischer Kirchen im Lande, wird jetzt, wenn nicht alle Anzeichen trügen, zum ausgebildeten System werden. Die öffentlichen Blätter des letzten Sommers brachten eine Reihe von kaiserlichen Erlässen, enthaltend „sehr freisinnige" Maßregeln in Betreff des öffentlichen Unterrichts und des Gebrauchs der polnischen Sprache. Das wird aber nicht hindern, daß daneben immer mehr für die Pflege und Verbreitung des russischen Elementes geschehen wird. Schon die in Betreff des Beamtenthums in Polen ergriffene Maßregel wird hierzu gewissermaßen nöthigen. Eine der ersten Verfügungen der russischen Regierung nach Beendigung des neuesten Aufstandes nämlich war die Entfernung aller polnischen Beamten, auch der vorwurfslosen, aus den wichtigeren Behörden und Kanzleien des Landes. Die russische Regierung sah sich dazu um ihrer Selbsterhaltung willen gezwungen, weil die Revolution und deren Organ, die geheime Nationalregierung, eben in den polnischen Beamten aller Verwaltungszweige ihre wirksamste Stütze gefunden hatte. Den russischen Beamten nun werden ihre Familien nachfolgen; russische Gewerbs= und Handelsleute werden im Polenlande immer mehr Anknüpfungspunkte suchen; russische Landwirthe und Gutsbesitzer werden sich immer zahlreicher ansiedeln. Durch fortwährenden Nachschub aus Rußland wird mit der Zeit das

Gebiet, das bisher noch immer fast ausschließend polnisch und katholisch war, zu einem national und confessionell gemischten werden; neben dem früher allein gestandenen Polenthum wird sich in dessen eigenem Lande das hereingezogene Russenthum mit dem Ansprüche auf Gleichberechtigung erheben, und die Regierung von St. Petersburg wird, was sie früher nicht besaß, in Polen selbst einen mit ihren Traditionen und Interessen eng verbundenen Bevölkerungsstamm besitzen.

Schon wurde der Anfang dazu gemacht und der Grundsatz vom höchsten Orte ausgesprochen. „Indem man", so hieß es in dem kaiserlichen Handschreiben an den Grafen Berg, womit letzterem die oben erwähnten Erlässe mitgetheilt wurden, „der polnischen Jugend die Mittel bietet, sich in der nationalen Sprache zu unterrichten, muß man auch darauf Acht haben, daß die Bevölkerung dieses Königreichs aus verschiedenen Religionen und Stämmen besteht"; man habe sich daher mit der „Gründung von besondern Schulen für jede Nationalität zu befassen und überdieß festzustellen, daß in den gemeinschaftlichen Schulen der Unterricht in der Sprache der Mehrheit, d. h. entweder polnisch oder russisch, oder lithauisch, gegeben werde." Diese Anordnung scheint zwar zunächst für jene Gebietstheile des Königreichs Polen bestimmt zu sein, die seit jeher eine ausschließlich oder überwiegend anderssprachige Bevölkerung hatten. Man wird aber damit allmälig bis in das Herz des reinen Polenthums zu dringen wissen und die Nothwendigkeit der Errichtung russischer Schulen, nach den Wünschen oder den Bedürfnissen oder nach der Mehrzahl der Bevölkerung, in gleicher Weise zu begründen verstehen, wie man das bisher vorzüglich nur in Absicht auf die Errichtung russischer Kirchen einzuleiten wußte. In der Landeshauptstadt wurde damit bereits begonnen. Mit Ukas vom 27. September v. J. wurde an die russische Schule, die während der Statthalterschaft des Großfürsten Constantin von Privaten in Warschau gegründet worden, ein russisches Gymnasium gestoßen, und dieses mit einer Anfangsschule und einem Progymnasium für Mädchen verbunden, die mit der Zeit in ein vollständiges Mädchengymnasium verwandelt werden sollen; die Gesammtheit dieser Lehranstalten wurde der besondern Obhut des Erzbischofs der orthodoxen Kirche anvertraut u. s. w.

Auf solche Weise geht das Polenthum, das unklug und stürmisch eine staatliche Selbständigkeit anstrebte, zu der ihm die wichtigsten Bedingungen fehlten, dem Verluste selbst seiner nationalen Ungemischtheit entgegen, und wird es in seinem eigenen Lande nach demselben Nationalitätsprincipe, mit dessen richtiger Anwendung und Ausbeutung es sich nicht zu begnügen wußte, mit Elementen versetzt werden, die noch vor wenig Jahrzehnten in seinen Aemtern und Behörden, in seinen Schulen, in seinem Gemeinwesen nichts zu schaffen hatten.

Es wurde bisher absichtlich vermieden, die österreichischen Verhältnisse, so nahe der Anlaß dazu geboten war, in den Bereich unserer Erwägungen zu ziehen.

Von vielen Seiten erblickt man in der Verschiedenheit der Nationalitäten, aus denen die Bevölkerung Oesterreichs besteht, ein dauerndes Hinderniß der Einheit und Kräftigung, ja des aufrechten Bestandes unserer Monarchie. „Was will", rief der Minister-Präsident Lamarmora während der letzten Conventionsdebatten im turiner Senate aus, „was will gegen die durch Sprache, Religion und gemeinsamen feurigen Patriotismus verbundene Bevölkerung Italiens jene Mischung von Volksstämmen und Staaten von entgegengesetzten Interessen und auseinanderlaufenden Bestrebungen, die Oesterreich bilden?" Man kann sich über solche Aeußerungen jenseits unserer Gränzen nicht wundern, wenn bei uns selbst die Anzahl solcher keine geringe ist, denen alles und jedes Verständniß der eigenthümlichen Zustände unseres Großstaates abgeht, und wenn ein großer Theil jener, die über die Bestrebungen unserer Nationalitäten nicht spötteln, nichts besseres zu thun zu haben glaubt, als sich vor ihnen zu fürchten. Bei besonnener Erfassung der Sachlage muß man jedoch die Ueberzeugung gewinnen, daß Oesterreich von dem Nationalitätsprincip in dessen falscher Anwendung nichts zu besorgen, und daß es von dem Nationalitätsprincip in dessen richtiger Auffassung nur zu gewinnen hat.

Unsere innern Verhältnisse sind so ganz eigenthümlicher Natur, daß sich ein Auswärtiger in sie gar nicht hineinzudenken vermag. Diesem ist es daher kaum zu verargen, wenn er sich den österreichischen Staat als ein zusammengewürfeltes Bunterlei von Völkerschaften vorstellt, das nur eines Anstoßes von außen bedürfe, um in seine ethnographisch so verschiedenartigen Bestandtheile auseinander zu fallen. Das ist nun ganz unrichtig, und die großartigsten Ereignisse der Geschichte haben das Gegentheil davon wiederholt bewiesen. Oesterreich kann, wenn es vom Unglück heimgesucht wird, wie im theresianischen Erbfolgekriege oder in der ersten Zeit des gegenwärtigen Jahrhunderts oder im Jahre 1859, einzelne Länder verlieren: der Hauptstamm aber wird immer beisammen bleiben oder, wenn er gewaltsam getrennt werden sollte, wieder zusammen kommen. Die Verbriefungen, die Erbverträge, die Heiraten und wie alle die einzelnen Anfallstitel hießen, sie waren nur die zufällige Form, unter welcher die verschiedenen Gebiete im Laufe der Zeit an das Haus Habsburg gelangten; sie waren nur der äußere Anlaß, nicht der innere Grund ihrer Vereinigung zu einem staatlichen Ganzen, die vielmehr wesentlich durch ihre sowohl territorialen als politischen Verhältnisse herbeigeführt wurde. Wo eine solche innere politisch-territoriale Nothwendigkeit des Zusammenkommens und Beisammenbleibens nicht vorhanden war, wie bei den belgischen Provinzen oder bei den sogenannten Vorlanden, da war die dauernde Ablösung derselben von dem Gesammtkörper früher oder später nicht aufzuhalten. Ist in diesem Umstande die positive Garantie für den Bestand der österreichischen Monarchie zu suchen, so liegt die negative in dem andern, daß keine von den Nationalitäten, welche den Hauptstamm des österreichischen Staatsganzen bilden, die Bedingungen zu einer unabhängigen Staatenbildung inmitten des heutigen Europa besitzt. Man wird von uns nicht verlangen, daß wir den Beweis für diese Behauptung antreten. Es wäre eine unerquickliche Auseinandersetzung, und im Grunde kann sich nach den Andeutungen, die wir bereits früher gegeben, jeder selbst die Antwort ausarbeiten, um zur Bestätigung des ersten Theils unseres Ausspruches zu gelangen: daß für Oesterreich von dem Nationalitätsprincip in dessen falscher Anwendung nichts zu besorgen sei.

Der Beweis für den zweiten Theil, daß nämlich Oesterreich von dem Nationalitätsprincip in dessen richtiger Auffassung nur zu gewinnen habe, ist eben so leicht zu führen. Nicht Oesterreichs Schwäche, nein, seine Stärke liegt in dessen verschiedenen Nationalitäten, dafern es dieselben nach Gebühr zu würdigen und zu behandeln versteht. Nicht nur keine Gefahr für dessen Bestand bergen dieselben, sondern gerade sie, oder doch die meisten von ihnen, sind es, denen an dem aufrechten Bestande Oesterreichs am meisten gelegen sein muß, weil sich ihnen die Einsicht aufdrängt, daß nur ein Staat wie dieser in der Lage sei, ihnen die Bürgschaften ungehinderter Lebensäußerung und Fortentwicklung zu bieten. Denkt euch Ungarn russisch, oder Böhmen preußisch, oder Südsteier und Krain großdeutsch, was ist es dann mit der magyarischen, mit der čechoslavischen, mit der slovenischen Nationalität? Aber wenn die Nationalitäten Oesterreich suchen, so muß Oesterreich sich von ihnen finden lassen. Dann wird es sich aus ihnen, die schwachsinnigen Politikern als gefährliche oder bedenkliche Stoffe gelten, die treuesten, aufrichtigsten, dankbarsten Elemente seines Staatswesens geschaffen haben. Es liegt ein solcher Fond von Anhänglichkeit und Opferwilligkeit, von Bildungsbedürftigkeit und unzweifelhafter Bildungsfähigkeit in der slavischen, in der romanischen, in der magyarischen Race, daß sie die Regierung so zu sagen nur künstlich zu Feinden machen kann, wenn sie wider sie ist, daß aber die Regierung sie zu Freunden haben muß, wenn sie für sie und mit ihnen ist. Kann da die Wahl schwierig sein?

„Ich will Frieden haben mit meinem Volke!" war das Wort des letztverstorbenen Königs von Bayern. „Ich will Frieden haben mit meinen Völkern!" sei das unserer glorreich regierenden Majestät! Denn ein völkerreicher Fürst wie kein anderer ist unser Kaiser, und je befriedigter sich die unter seinem Scepter vereinigten Stämme, in ihrer Verschiedenheit bei einander und in seiner Eigenthümlichkeit jeder für sich, fühlen, desto fester und unerschütterlicher steht sein erhabener Thron.

Die Rechnung ist eigentlich so klar und einfach, daß es seine ganz besondern Gründe haben muß, warum man von so vielen Seiten noch immer Bedenken trägt, das richtige Ergebniß daraus zu ziehen, und die Hauptthätigkeit der innern Verwaltung mit ausgesprochenem Programme auf diesen Punkt zu lenken.

Wir erblicken diese Gründe hauptsächlich in zweierlei Einbildungen; in der Furcht vor dem Panslavismus und in der Furcht für den Pangermanismus.

Panslavismus ist ein ebenso häufig gebrauchtes Wort als übel verstandener Begriff. Die einen denken sich darunter die Vereinigung aller Slaven zu einem großen nationalen Reiche; andere bezeichnen schon jede Hinneigung der einzelnen Slavenstämme zu einander, jedes Bestreben, eine Wechselwirkung, eine nähere Verbindung untereinander anzuknüpfen, als panslavistische Tendenzen.

Panslavismus in der ersten Bedeutung ist gleichbedeutend mit Hinneigung zu Rußland; denn nur Rußland müßte es sein, das an der Spitze des großen Slavenreiches stünde. Wir müssen offen gestehen, daß es uns von jeher unbegreiflich erschien, wie einem vernünftigen Menschen ernstlich vor der Verwirklichung einer solchen Idee bangen kann. Man fasse die Sache an, bei welchem Ende man will, so zeigt sie sich als eitles Hirngespinnst. Nehmen wir Rußland selbst! Wohl erschallt von dorther oftmals die Lockpfeife politischer Schriftsteller in diesem Tone, und die Regierung hat selbst in der Zeit des ärgsten Censurzwanges solchen Stimmen niemals Einhalt geboten, geschweige denn jetzt, wo die junge russische Schule ganz von solchem Geiste erfüllt ist. Der russischen Regierung kommt der Nimbus, den sie dadurch im eigenen Lande wie in den erregbaren Köpfen anderer Slavenstämme gewinnt, gar nicht ungelegen: an die Ausführung eines so phantastischen Gedankens aber glaubt sie selbst am wenigsten; sie versteht sich auf ihren eigenen Vortheil zu gut, um nicht zu wissen, daß sie sich damit nur ihr eigenes Grab graben würde. Zwischen Rußland und der Verwirklichung des Panslavismus steht Polen. An dieser einen Thatsache kann man genug haben. Wer den Polen panslavistische Ideen zumuthet oder uns, wie es jetzt von gewissen Seiten geschieht, damit schrecken möchte, daß ihnen Rußland solche einimpfen werde, der kennt diese Nation nicht. Der Pole war niemals Panslavist und kann es nie werden. Der

Pole ist schon darum wider den Panslavismus, weil der Russe dafür ist. Wenn es je der Lauf der Ereignisse brächte, daß die Polen wieder zusammen kämen, so würden sie ihr Reich herstellen, aber nie und unter keiner Bedingung sich Rußland unterwerfen oder auch nur anschließen. Sie würden mit Oesterreich und Preußen, mit Scandinavien und der Pforte Bündnisse eingehen, aber niemals mit Rußland. Die Polen wissen von russischer Allianz etwas zu erzählen!

Auf die slavischen Länder der Türkei werden wir noch zu sprechen kommen. Hier sei nur bemerkt, daß ihre russischen Sympathien nicht weiter gehen, als ihre Zuversicht auf Rußlands Macht und Einfluß dem türkischen Drucke gegenüber. Von einer Sehnsucht nach moskowitischer Herrschaft ist im Kern der südslavischen Bevölkerung nichts zu finden und es ist nur unsere eigene Schuld, daß es in jenen wichtigen Ländern nicht österreichische Sympathien gibt, statt russischer.

Was unsere österreichischen Slaven betrifft, so verweisen wir zunächst auf das zuvor über die Gründe ihrer Anhänglichkeit an Oesterreich Gesagte. Man führe dagegen nicht an, was man so häufig aus der vormärzlichen Zeit als verrätherische Aeußerungen einzelner Wortführer unter den österreichischen Slaven vorbringen hört, oder was jetzt noch hie und da in überspannten Köpfen spukt. Jene Aeußerungen hatten den Ingrimm über die damaligen kläglichen Verhältnisse in unserem Vaterlande, aber nichts weniger als eine ernstgemeinte Hinneigung zu Rußland zur Quelle[1]. Einzelne

---

[1] So steht es z. B. mit Karl Hawliček's oft citirtem Ausspruch: „Lieber die russische Knute, als die deutsche Freiheit!" Vorausgesetzt, es lasse sich verbürgen — wovon wir unsererntheils keineswegs überzeugt sind —, daß gelegentlich ein solches Wort über Hawliček's Lippen gekommen sei, zu welcher Zeit geschah das? Zu einer Zeit, wo die Nationalität, zu der er sich bekannte, für die er mit allen Fibern seines Lebens, mit aller Wärme seines Herzens glühte, in jeder Beziehung verkannt, vernachlässigt, in den Hintergrund gestellt, aller Mittel und Bedingungen zu einer nur irgend lohnenden Entwicklung, die ihr nicht das Häuflein unprivilegirter Patrioten mühsam und sorgenvoll zu erringen wußte, beraubt war! Würde Hawliček unter den heutigen Verhältnissen, obgleich noch bei weitem nicht alles so ist wie es sein sollte, seinen Ausspruch noch thun? Gewiß nicht! Aber selbst die Thatsache jenes Ausspruches angenommen, ist es wohl gerechtfertigt, entbehrt es nicht vielmehr jedes vernünftigen Grundes, einem Worte, das offenbar in leidenschaftlicher Aufregung hingeworfen worden, die Bedeutung eines wohlbedachten daran sich knüpfenden Planes beizulegen? Wer von Karl Hawliček Schilderungen russischer Zustände zu hören oder zu lesen bekam — er hatte längere Zeit im Zarenreiche zugebracht —, der mußte auf alles andere, denn auf eine ernstgemeinte Hinneigung von seiner Seite nach dem slavischen Norden schließen. In dem jetzt im Erscheinen begriffenen Briefwechsel F. C. Čelakowský's mit Kamarýt, Winařický u. a. aus den zwanziger und dreißiger Jahren finden sich stets wiederkehrende Klagen über die Neckereien und Bedrückungen, denen die Pflege der böhmischen Sprache ausgesetzt sei; bis er zuletzt in seinem Unmuth in die Worte ausbricht: „Ist es denn zu wundern, wenn der österreichische Slave in das Erstarken des nordischen Riesen seine einzige Hoffnung setzt, da er doch un-

überspannte Köpfe aber gibt es heutzutage nicht bloß unter den österreichischen Slaven, sondern in allen Schichten der Bevölkerung, die sich glücklicherweise durch deren Träumereien oder Rasereien in ihren lebensklugen Anschauungen nicht beirren läßt. In die Pläne besonnener und aufgeklärter österreichischer Slaven hat der Panslavismus als **politische Idee** niemals Eingang gefunden. Einer der hervorragendsten derselben hat, mitten in Oesterreichs kritischesten Tagen — was man gebührend anerkennen und würdigen sollte — sein damals weithin vernommenes Wort **für** den Bestand Oesterreichs und **gegen** das Entstehen irgend einer Universalmonarchie, folglich auch einer russischen, gesprochen. Die Wünsche und die Bestrebungen gewiegter und einflußreicher Persönlichkeiten unter den österreichischen Slaven hatten immer nur die Herbeiführung von Zuständen im Auge, welche unsere zahlreichen Slavenstämme unter dem Schutze und der Pflege **unserer** Regierung alles das finden ließen, was an der Newa und an der Moskwa zu suchen sie höchstens einzelne unpraktische Phantasten antreiben möchten.

Von einem Zusammenhange österreichischer Slaven mit Rußland konnte ernstlich genommen bis noch vor kurzem nur in **einer Richtung** die Rede sein; und zwar in einer solchen, deren langjähriges Wuchern zu einem großen Theile der Sorglosigkeit oder Ungeschicklichkeit unserer früheren Regierungsmänner zur Last fällt. Wir meinen den bei allen österreichischen Slaven des griechisch-orientalischen Bekenntnisses vorhandenen Gebrauch von russischen Ritualbüchern, welche die moskowitische Regierung bei jedem Anlasse über unsere Gränzen einzuführen und zu vertheilen wußte. Unter den in diesen kirchlichen Schriften enthaltenen liturgischen Formeln fanden sich die üblichen Gebete für den Landesherrn und dessen Herrscherhaus, wobei selbstverständlich, da dieselben geraden Weges aus den Druckereien von Moskau oder St. Petersburg hervorgingen, der russische Zar und dessen großfürstliche Familie nicht nur gemeint, sondern ausdrücklich genannt waren. Es standen allerdings gegen solche Einschleppung die schärfsten Befehle — auf dem Papier; allein es war allbekannte Thatsache, daß nichts desto weniger ganze Wagenladungen dieser Artikel über unsere

---

ter anderen Umständen aus Furcht von dessen eisernem Scepter zittern müßte?" (F. L. Čelakovského sebrané listy; v Praze, Ed. Grégr 1864, str. 403. Das Schreiben ist an Winařický gerichtet und datirt vom 19. Juni 1835.) Der aber so sprach, das war derselbe Čelakowský, der wenige Monate später über eine von der russischen Gesandtschaft in Wien erhobene Beschwerde wegen seiner heftigen Ausfälle **gegen die russische Regierung** von allen Stellen, mit deren Führung man ihn bis dahin betraut hatte, enthoben wurde und der darauf jenseits der Gränzen seines Heimatlandes das Brod suchen mußte, das ihm wegen seiner unvorsichtigen antirussischen Meinungsäußerung im Lande nicht mehr gegeben werden konnte. So stand es selbst bei den **damaligen Blastencen** mit ihrer vermeintlich panslavistischen Hinneigung zu Rußland!

Gränzen eingeschmuggelt wurden. Auch hatte man daran gedacht, die Ritual=
bücher der griechisch=orientalischen Kirche in der Universitäts=Buchdruckerei
von Ofen aufzulegen; allein die Sache war so ärmlich und mangelhaft
ausgefallen, daß unsere Kirchengemeinden den inländischen Artikel nicht ein=
mal geschenkweise annehmen und davon Gebrauch machen wollten. Es be=
stand daher in der That viele Jahrzehnte hindurch der Unfug, daß ein
großer Theil der slavischen Angehörigen Oesterreichs seine Andachtsübungen
nach Kirchenbüchern regelte, an deren Spitze der Name des russischen
Zars stand und deren Inhalt fromme Wünsche für das Wohl der „Groß=
fürsten und Großfürstinnen" seines Hauses zum Himmel schickte. Allein
selbst in diesem Umstande hatte man keine politische Manifestation zu
Gunsten Rußlands zu suchen, sondern einzig eine liturgische, und auch
dieser letztern lag mehr Mißverständniß als bewußte Hingebung zu Grunde.
Bei der damaligen argen Unbildung und Verwahrlosung der Geistlichkeit,
die mit jenen Ritualbüchern zu hantieren hatte, war es nicht zu wundern,
wenn sie die erwähnten Gebetformeln nach dem Buchstaben nahm, wozu
noch beitrug, daß der Beherrscher Rußlands seit Peter des Großen Zeiten
sich in dem größten Theile der orientalischen Kirche das Ansehen eines Be=
schützers, ja eines gottgeweihten Oberhauptes derselben zu verschaffen wußte.
Neuester Zeit wurde diesem Uebelstande ein Ende gemacht. Die für den
kirchlichen Gebrauch unserer orientalischen Griechen benöthigten Bücher, mit den
für unser Regentenhaus angepaßten Gebetformeln, wurden auf a. h. Be=
fehl im Inlande aufgelegt, und zwar in einer Ausstattung, die mit den
russischen Artikeln gleicher Art nicht bloß den Vergleich aushält, sondern
dieselben überflügelt. Unsere einheimischen Ritualbücher werden seitdem gegen
die früheren regelmäßig umgetauscht.

Anstatt also sich der thörichten Furcht vor dem Hereinbrechen eines rus=
sischen Panslavismus hinzugeben, würde man viel besser thun, der
aufrichtigen und ernstlichen Begünstigung des österreichischen Slavis=
mus, d. i. der wahren und heilsamen Interessen unserer zahlreichen Sla=
venstämme, das Wort zu reden. Daß dieselben für einander fühlen, daß
sie zu einander hinneigen, daß sie die Fäden wechselseitigen Verkehrs und
Austausches immer inniger zu knüpfen suchen, das kann doch jeder Unbefan=
gene, dem das Mitgefühl für seine eigenen Stammesgenossen nicht
fremd ist, nur natürlich finden. „Aber", wird mancher einwenden, „birgt
das nicht eine Gefahr für Oesterreich? Vergeßt nicht den Slavencongreß
im Jahre 1848! Gingen nicht aus dessen Schoße die Prager Junitage
hervor?" — Angenommen, es ließe sich letzteres behaupten, so wäre damit
für die eben ausgesprochene Besorgniß gar nichts bewiesen. Denn gerade
der Umstand, daß der Prager Slavencongreß nicht das geblieben ist, was
er nach dem ursprünglichen Plane seiner Veranstalter hatte sein sollen,
nämlich einzig und allein ein Congreß österreichischer Slaven, trug

an der gefährlichen Richtung Schuld, die er später einschlug. Wer einigermaßen über die näheren Vorgänge unterrichtet ist, die den Zusammentritt und die Verhandlungen des Slavencongresses begleiteten, kann nicht einen Augenblick darüber in Zweifel sein, daß es nur das Einbeziehen außerösterreichischer Elemente war, was die von Anfang her durchaus unbedenklichen Zielpunkte der Versammlung verrückte und dieselbe zum Deckmantel von Bestrebungen werden ließ, die mit dem Slaventhum nichts zu schaffen hatten. Dagegen führte das Jahr 1848 eine Reihe ganz anderer Ereignisse herbei, die auf die wahren Gesinnungen der österreichischen Slaven das hellste Licht werfen. Stritt das nationale Bewußtsein des kräftigen Serbenvolkes an der Römerschanze und in den Theißebenen für oder wider den Bestand Oesterreichs? Jellacic's kühner Zug nach Wien, wozu er das Nationalgefühl seiner Kroaten zu entflammen wußte, war er für oder gegen die Aufrechthaltung des Gesammtstaates gerichtet? Und dasselbe Prag, in dessen Straßen in den Junitagen die Flammen der Empörung und des Wahnwitzes zusammenschlugen, konnte es Fürst Windischgrätz nicht drei Monate später seinen Bürgern, denen er selbst die Waffen zurückgab, ruhig überlassen, als das Schicksal der Monarchie in der Hauptstadt des Reiches an einem Haare hing? Das sind doch wohl Thatsachen, die in's Gewicht fallen! In Oesterreichs gefährlichster Zeit standen, kämpften und bluteten seine Slaven nicht wider es, sondern für es. Wenn man dagegen sagen wollte, es sei ja nur ihr eigener Vortheil gewesen, der die österreichischen Slaven so handeln geheißen habe, indem ihnen um ihrer selbst willen an der Aufrechthaltung des Gesammtstaates am meisten gelegen sein mußte, so sind wir damit vollkommen einverstanden; denn das wollten wir eben beweisen.

Möge man endlich einmal zu dieser Einsicht kommen! Möge man aufhören, aus dem österreichischen Slaventhum den Popanz der Bedrohung des Zusammenhaltes unserer Monarchie zu machen! Möge man aber auch von deutscher Seite die völlig grundlose Befürchtung aufgeben, wie ob die deutsche Nationalität in Oesterreich dadurch zu Schaden kommen könnte, wenn man den andern Nationalitäten gewährt, was ihnen von Rechts- und Naturwegen nicht vorenthalten werden darf. Im Gegentheil, ohne die fremden Nationalitäten zu verkürzen, wird die deutsche Nationalität nur gewinnen. Das ist ein Satz, der paradox klingen mag, aber keineswegs paradox ist. Wenn es unausweichlich ist, daß, wie in jedem andern Staate, so auch in Oesterreich eine Sprache das verbindende und vermittelnde Glied in allen Zweigen der Regierung und Verwaltung, zwischen allen Stämmen der Bewohner in ihren gegenseitigen Berührungspunkten bilde, und wenn es andererseits außer Frage steht, daß unter unsern Verhältnissen dieses Organ wechselseitiger Verbindung und Vermittlung kein anderes als die deutsche Sprache sein könne, so ergibt sich ja wohl die Folgerung von selbst, daß der Markt für das Verständniß und den Gebrauch der deutschen Sprache ein um so ausgedehnterer werden müsse, je mehr sich die Macht und der Einfluß Oesterreichs nach Osten hin erweitert, was nur die Folge jener rücksichts= vollen Behandlung sein kann, welche die Lenker der Geschicke unseres Groß= staates den verschiedenen seinem Gebiete zugehörigen Völkerstämmen ange= deihen lassen. Ein anderes Mittel die Verbreitung der deutschen Sprache zu fördern als dieses naturgemäße thut es nicht. Aufdringliche Gewalt bewirkt das Gegentheil von dem, was sie anstrebt. Das System künstlicher Germanisirung in den nicht=ungarischen, und herrisch betriebener Magyarisi= rung in den ungarischen Ländern hat am meisten dazu beigetragen, das Selbstgefühl und die Widerstandslust der nicht=deutschen Bewohner dort, der nicht=magyarischen hier zu kräftigen.

Man spricht von dem Widerstreben der nicht=deutschen Nationalitäten gegen das Deutschthum. Wenn dem so wäre — und leider läßt sich diese Thatsache, wie zur Zeit noch die Dinge stehen, nicht überall in Zweifel zie= hen — wo läge der Grund dafür? wo wäre der Ursprung davon zu suchen? Nirgend anders als in dem Widerstreben des Deutschthums gegen die nicht= deutschen Nationalitäten. Es ist dieß eine Behauptung, deren Richtigkeit die germanistischen Wortführer in und außer Oesterreich nicht zugeben wollen „Nur von der andern Seite", meinen sie, „nicht von der unsrigen, gehen Angriffe und Anfeindungen aus; nur wir, nicht die Andern, haben uns über Anmaßungen und Uebergriffe zu beklagen." Heißt das nicht, den Split= ter im Auge des Nächsten wahrnehmen und den Balken im eigenen nicht? Wer unbefangen genug wäre, das, was auf der einen und auf der andern Seite begangen wird, mit gleicher Wage zu messen, der müßte zur Ueber= zeugung kommen, daß sich die Deutschen in ihrem Verhalten gegen die an= dern Nationalitäten gerade derselben Dinge schuldig machen, die sie den letztern in deren Verhalten ihnen gegenüber zur Last legen [1]). Man

---

[1]) Wir wollen zwei Beispiele, und zwar recht harmlose, aus zahlreichen die uns zu Gebote stünden, herausgreifen, um das zu zeigen. Was entstand nicht vor Jahren für eine erbitterte Aufregung im deutschen Lager, als ein slavischer Gelehrter mit der Behaup= tung hervortrat, der Erfinder der Buchdruckerkunst sei kein Deutscher, sondern ein geborner Slave, aus Kuttenberg in Böhmen, gewesen! Gleichsam zur Vergeltung dafür suchte in jüngster Zeit ein Mitglied des Vereines „für Geschichte der Deutschen in Böhmen" den Beweis zu führen, der berühmte Bohuslav Lobkovic von Hassenstein sei kein Slave, sondern ein Deutscher gewesen. (S. dagegen „Bohuslav z Lobkovic na Hasišteině Čech anebo Němec?" im Feuilleton des vorjährigen „Národ". Es ist übrigens ein bezeichnender Witz des Schicksals, daß die Abfertigung der Germanisirung Bohuslav's von demselben Manne ausgehen mußte, der lange Jahre zuvor der Slavisirung Gutenberg's das Wort geredet hatte.) — In einem sehr gut geschriebenen und manche treffende Bemerkung ent= haltenden Aufsatze über die Westslaven hält sich der Verfasser über die hypernationalen Ausartungen derselben auf, „wenn sie, die Thorheit bis in's höchste aufgipfelnd, Lessing, den deutschesten Menschen, welchen je das Germanenthum hervorgebracht, zu einem Wen= den stempeln"; nachdem er aber selbst einige Zeilen höher mit unverkennbarer Selbstbe= friedigung von den slavischen Gelehrten gesprochen hatte, „deren größter Schaffarick (sic!),

höre von deutscher Seite auf, mit hochmüthiger Selbstüberschätzung auf die Nationen des europäischen Ostens herabzublicken, und es werden diese aufhören, den Deutschen mit grollender Erbitterung zu entgegnen. Man lasse jedem das seine, man zolle sich wechselseitige Anerkennung, man wirke mit einander, nicht gegen einander, und alle Theile werden dabei gut fahren.

Bekanntlich ist es nicht die Nationalitätsfrage allein, die bei dem großartigen Umstaltungsprocesse, worin sich Oesterreich befindet, Schwierigkeiten bereitet, über die es bis zur Stunde noch nicht gelingen konnte hinaus zu kommen.

Die Entfaltung unseres politischen Lebens seit 1860 bietet ein ganz eigenthümliches Schauspiel dar. Es sind durchaus verschiedenartige Interessen, welche die in der Haupt- und Residenzstadt herrschende öffentliche Meinung, und welche die Choragen in den wichtigsten Ländern der österreichischen Monarchie in Thätigkeit setzen. Die Themata des modernen Liberalismus sind für den weitaus größten Theil der Wiener Politiker das vorzüglichste Ziel seines Strebens: sie stehen nur in zweiter Linie für die politischen Führer in Ungarn, in Kroatien und Dalmatien, in den Gebieten der böhmischen Krone, in Galizien. Wie erklärt sich das? Empfindet man in diesen Ländern für die Einführung und das Gedeihen freier Institutionen etwa weniger als im Mittelpunkte des Reichs? Gewiß nicht! Allein es gibt da andere Fragen, die das allgemeine Interesse Für und Wider in erster Reihe in Anspruch nehmen, Fragen, die umgekehrt von den centralistischen Vorkämpfern des Liberalismus entweder als gemeinschädlich oder als nebensächlich angesehen werden.

Der Unterschied zwischen dem, was das politische Leben in der Reichshauptstadt und was jenes in den wichtigsten Kronländern bewegt, läßt sich kurz damit charakterisiren, daß letzteres sein positives Programm hat, ersteres nur ein negatives. Dort strebt man die Erlangung gewisser organisatorischer Institutionen an, welche das Staatsleben des alle einzelnen Gebietstheile umspannenden Ganzen auf das geschichtlich und staatsrechtlich be-

---

ja auch ein Mann mit germanischem Blute in den Adern" sei, weil nämlich dessen Name von dem deutschen „Schaffer" herkomme! Dr. Karl André in Lord's Zeitheften Nr. 9. S. 13: „Und wäre Lessing ein Wende gewesen, nun so verkörpert sich in diesem herrlichen Mann ein Abfall vom Slaventhum, wie er stärker nicht gedacht werden kann, und man hätte sich in den Karpathen oder an der Moldau dieses klarsten aller Köpfe nicht zu rühmen!" Läßt sich nicht genau dasselbe Argument auch wider André's gegentheilige Behauptung anwenden? „Und wäre Safarik ein Deutscher gewesen, nun so verkörperte sich in diesem herrlichen Mann ein Abfall vom Germanenthum, wie er stärker nicht gedacht werden kann, und man hätte sich an der Pleiße und Saale dieses größten aller Slavisten nicht zu rühmen!" Bei so bewandten Umständen hat wohl eine Seite der andern nicht viel vorzurücken.

gründete Eigenleben dieser letzteren gründen sollen; man erblickt in der Ausbildung jener organisatorischen Institutionen eine Lebensfrage für die betreffenden Länder, aber eben darum und eben dadurch auch eine Lebensfrage für das gesammte Reich. Der moderne Liberalismus dagegen, wie er sich in den Köpfen und Büchern politischer Theoretiker herausgebildet hat, will eigentlich nur alles das nicht, was der Verwirklichung seines Freiheits= ideals im Wege steht. Dieses Freiheitsideal ist aber etwas rein negatives; denn es besteht in der möglichsten Loslösung des Individuums von allen durch die hergebrachten Verhältnisse geschaffenen Schranken. Die Schöpfung einer neuen lebensfähigen gesellschaftlichen Organisation an Stelle der auf= zulösenden alten steht nicht im Programm des modernen Liberalismus, der in seinen ziel unbewußten Bestrebungen mit einer Art sittlicher Ent= rüstung auf die ziel bewußten Bestrebungen des modernen Socialismus herabblickt.

Wir verwahren uns feierlich dagegen, daß man von dem, was hier über den modernen Liberalismus gesagt wurde, auf jene „liberalen Ideen" Anwendung mache, deren im Verlaufe unserer Betrachtungen wiederholt gedacht wurde. Wenn Napoleon I. den inhaltsvollen Ausruf machte, die „liberalen Ideen" seien es gewesen, die ihn gestürzt hätten, so war es ge= wiß nicht das ungebundene Vereinsrecht, oder das schrankenlose Ver= sammlungsrecht, oder das allgemeine Petitionsrecht u. s. w., die ihm vor Augen schwebten, sondern es war der große und wahre Ge= danke der politischen Freiheit, deren Hauptgrundsätze nach oben die Mitbetheiligung der Gesammtheit durch ihre gesetzlich bestimmten Ver= treter an den wichtigsten Acten der Gesetzgebung und Besteuerung, nach unten aber die Selbstverwaltung der jedem besondern Interessenkreise eigen= thümlichen Angelegenheiten sind. Die Verwirklichung dieses Gedankens aber verlangt vor allem die Grundlage eines sicheren staatlichen und gesellschaft= lichen Organismus, ohne den die bündigsten Paraphirungen der sogenannten Grundrechte, die man seit 1848 in allen Ländern als das Alpha und Omega der politischen Freiheit ansieht, in den Lüften schweben. Man scheint viel= fach zu übersehen, daß die Institutionen des in so vieler Hinsicht beneidens= werthen Albion, die man allen Staaten des Festlandes als Muster vorzu= halten pflegt, nur darum Bürgschaften der dortigen Freiheit sind, weil sie aus den Verhältnissen der englischen Gesellschaft herauswuchsen, und daß diese Verhältnisse etwas sehr positives, sehr charakteristisches, sehr tief ge= wurzeltes sind. Die Bestimmungen unserer „Grundrechte" von 1848 und 1849 sind im Jahre 1851 einfach beiseite geschoben worden, wie etwas, das unbequem im Wege liegt. Wer mit uns die Ueberzeugung theilt, daß ein ähnliches Ereigniß in England geradezu unmöglich wäre, der gibt damit den großen Unterschied zu, der zwischen einer politischen Freiheit besteht, die, aus den sie umgebenden Verhältnissen herausgewachsen, in Fleisch und

Blut des Volkes übergangen ist, und einer solchen, die, lediglich aus Theoremen abgeleitet, in wohlgeformten Paragraphen ihren Ursprung und ihre einzige Stütze hat. Jene sogenannten G r u n d rechte sind ihrer eigentlichen Natur nach erst F o l g e rechte; und man sollte zuvörderst besorgt sein, eine feste G r u n d l a g e der öffentlichen Freiheit zu schaffen, die Erfolge der öffentlichen Freiheit werden sich dann von selbst einstellen.

Unsere Meinung geht nun nicht etwa dahin, daß man mit der Einführung aller Institutionen, die als Ausflüsse oder als Schutzwehr politischer Freiheit gelten, so lange warten solle, bis man die Ausbildung unseres Verfassungsorganismus im Großen zum Abschlusse gebracht. Im Gegentheil, wir halten einzelne derselben, wie z. B. die freie Presse, für solche, die jedem gesunden Staats- und Gemeindeleben eigen sind, jeder naturgemäßen Entwicklung öffentlicher Zustände vorangehen und sie fortwährend begleiten müssen. Ebensowenig haben wir gegen die Nachbildung mancher, den eigenthümlichen Verhältnissen anderer Nationen entsprossener Einrichtungen, wie z. B. der Schwurgerichte, etwas einzuwenden, vorausgesetzt nur, daß diese Nachbildung eine besonnene, die nöthigen Erfordernisse und Umstände erwägende und beachtende sei, und daß folglich damit dort innegehalten werde, wo jene Erfordernisse nicht vorhanden oder wo die obwaltenden Umstände der Ausführung nicht günstig erscheinen.

Allein das ist es eben, wovon der moderne Liberalismus nichts hören will, was ihm einer Versündigung gegen das Dogma seiner politischen Heilslehre gleichkommt. Es gehört zu den cardinalen Mißgriffen desselben: erstens daß ihm sogenannte freie Institutionen vorschweben, die sich für jeden Ort und jede Zeit schicken sollen; und zweitens, daß viele seiner Institutionen die bestehenden Verhältnisse auflösen, ohne an deren Stelle andere zu setzen, welche die Grundlage der geänderten Ordnung der Dinge abgeben würden. Dem Vollblut-Liberalen sind die Artikel seines politischen Glaubensbekenntnisses die absolute Wahrheit, die unter allen Bedingungen zur Geltung kommen muß. Er kennt nur e i n Eigenschaftswort in der deutschen Sprache, und die drei Vergleichungsstufen desselben: „frei" — „freier" — „am freiesten", sind ihm der alleinige Maßstab für die politischen Zustände eines Landes; „freier als in Texas", wie uns im Jahre 1848 ein Mitglied des Constitutions-Ausschusses von dem damaligen ersten Entwurfe der „österreichischen Grundrechte" freudestrahlenden Auges versicherte. Der Vollblut-Liberale gibt es nicht zu, daß die Gesetze nach den vorhandenen Verhältnissen eingerichtet werden; er verlangt, daß sich die Umstände und Verhältnisse nach seinem Gesetze richten. Er will nichts wissen von rechtsbegründeten Ansprüchen, von staatsklugen Rücksichten; er kennt nur den kategorischen Imperativ seines Systems, wovon er spricht, wie Herzog Alba von dem Gebote seines Königs: „Es will seinen Willen." Er wird lieber eine Provinz von Oesterreich aufopfern, ehe er zuließe, daß man dort einem seiner Lehrsätze nicht unbedingte Anerkennung zolle, und er wird sich keinen Augenblick besinnen, die eine Hälfte des Reichs so weit als möglich ihrem eigenen Schicksale zu überlassen, wenn er darin das Mittel erblickt, in der andern desto ungehinderter schalten zu können.

Glaubt man vielleicht, es sei übertrieben, was wir hier vorbrachten? Keineswegs! Kam nicht von jener Seite erst unlängst unserer Regierung der Rath zu, sie möge dafür sorgen, Ungarn durch weitgehende Zugeständnisse zur Ruhe zu bringen, weil man dann um so sicherer darauf rechnen könne, die andern Länder kirre zu machen? Und wie benahmen sich die Organe unserer „liberalen" Presse jenem kaiserlichen Patente gegenüber, wodurch der weitere Reichsrath einberufen wurde, ohne zugleich des engeren Erwähnung zu thun? Sie sagten es gerade heraus: der letztere sei es, worauf es ihnen am meisten ankomme, da sie nicht umhin könnten, „gerade auf der Seite des engeren Reichsrathes das Schwergewicht der freisinnigen Entwicklung zu erblicken." Heißt das nicht mit andern Worten: Wenn man uns die Wahl stellt, so geben wir lieber die Einheit des Reiches preis, ehe wir uns den Kampfplatz für unsere liberalen Theoreme verkümmern lassen? „Man thue uns nicht Unrecht", hören wir sie uns hier in's Wort fallen. „Eben dadurch, daß wir uns auf den Standpunkt wahrhaft freisinniger Regeneration erheben, haben wir es im Sinne, die Einheit des Reiches herbeizuführen. Denn wenn unser engerer Reichsrath, allen Parteihader beiseite lassend, wie ein Mann einstünde für die Ideen und Institutionen des Liberalismus, dann müßte das Haus als Centrum der Anziehung für die renitenten Kronländer und Nationalitäten dienen." Ist das eine Falle oder soll es ernsthaft gemeint sein? Wäre das letztere der Fall, dann hieße es doch wahrhaftig, Augen haben und nicht sehen, Ohren haben und nicht hören. Oder meint man wirklich, ein großer Theil der böhmischen und mährischen Abgeordneten halte sich nur darum von Wien fern, weil das Vereinsgesetz noch immer nicht zur Berathung und Abstimmung kam? Oder die Ungarn wollten nur darum nicht kommen, weil noch immer kein Entwurf eines Versammlungs- und Petitionsgesetzes auf den Tisch des Hauses niedergelegt wurde? Oder die Kroaten und Slavonier beschickten nur darum den Reichsrath nicht, weil das Minister-Verantwortlichkeitsgesetz noch immer nicht seine Formulirung finden konnte?

In der That, die Welt da draußen sieht sehr viel anders aus, als diejenigen glauben oder zu glauben sich den Schein geben, welche wir in der zuvor angeführten Weise sprechen hörten. Wem es wahrhafter Ernst ist mit dem festen Bestand und sichern Gedeihen unserer großen und schönen Monarchie, dem muß oft ängstlich zu Muthe werden, wenn er gewahrt, mit welcher Leichtfertigkeit von vielen Seiten Dinge beiseite geschoben, kurzweg abgefertigt oder geradezu bespöttelt werden, von deren richtiger Lösung nichts weniger als Sein oder Nichtsein Oesterreichs abhängt. Die öffentliche Mei-

nung in Wien, deren Leiterin die Publicistik in allen
während sie in Wahrheit in sehr vi.lem nur ihre zu
lerin ist, scheint im großen Durchschnitt noch immer l
Berufe der Hauptstadt eines vielgliederigen Großstaat
die verschiedenartigsten Dinge im Kopf und die wid
acht. Sie will es sich nicht nehmen lassen, vieles al
was sehr bedeutungsvoller Ernst ist. Sie macht sich
über die „koruna česká" lustig; sie ergötzt sich an ab
die ihr aus dem Wunderlande „Comanien" zugetrage
sich über die Starrköpfigkeit der Tyroler, und
begreifen, daß es ihr ungleich besser anstünde, sich
damit zu befassen, was es mit den Ansprüchen
länder für eine Bewandtniß habe, was an den
und Forderungen wahres sei, was an dem
hartnäckigen Widerstande der freiheitsliebenden Aelple
mag, was wir hier bevorworten, eine Kirchthurmpolitik
wir uns, daß wir durch Vernachlässigung
Eigenthümlichkeiten den Staat mit einer
politik zu Grunde richten." Wir haben diesen
Jahren gethan, wir wiederholen ihn unverändert heut

In dem Mißachten oder doch Unterschätzen von
politisch nationalen Leben und Streben in den ver
Reiches sein bezeichnendes Gepräge verleiht, liegt aber
dere Gefahr für unser junges Verfassungsleben. Ger
Reichsrath den einigenden Vertretungskörper der G
blicken und zu schätzen wissen, sollten gegen die beden
gleichgiltig sein, die in vielen auswärtigen Kreisen w
Mittelpunkte des Reiches um sich greift, und die selbst
keit einer Einrichtung zu zweifeln beginnt, welche sich
die Befriedigung der gerechten Wünsche und Erwartu
Gebietstheile zum Ziele zu setzen scheine. Schon wie
tungen zu vernehmen, die freies Verfassungsleben in
theilen Oesterreichs, jedoch „mit absoluter Spi
Einigungspunkt verlangten. Würde ein solcher Gedanke
können, wenn sich nicht die liberale Spitze, worauf
zu wollen scheint, rücksichtslos und verletzend nach m

auf die eigenthümlichen Verhältnisse und Anschauungen der ?
der sie angepaßt werden sollen, wesentlich ankommt; gerade sie
die Eins= und Gleichmacherei am übelsten angebracht ist. Oest
groß und stark sein, wenn auch nicht alles und jedes in den v
Theilen des Staates nach einer Schablone hergerichtet und a
Aber Oesterreich kann auf die Länge nicht groß und stark ble
in vielen der wichtigsten seiner Gebiete dauernde Mißstimmu
und wenn diese Mißstimmung ihren Ursprung auf das Verfa[
führt, das vom einigenden Mittelpunkte des Reiches aus gegen
wärts gefühlten und ausgesprochenen Bedürfnisse beobachtet wird

Doch bereits ist man in den Kreisen, die verfassungsm[
sind, den über die Behandlung der öffentlichen Angelegenheiten
Meinungen Ausdruck zu geben, bei einem Wendepunkte angelangt
noch nicht allenthalben die volle Erkenntniß und Einsicht d[
zu sein, aber unläugbar ist wenigstens die A h n u n g vorhanden, d
für die Auffassung der großen Fragen unseres Staatslebens bish
richtigen Standpunkt gewählt haben möge. Während der letzte
digen Adreßverhandlungen unseres Abgeordnetenhauses wurde vo[
hervorragendsten Redner „jene Gleichgiltigkeit und jene Apath[
setzliche Apathie, die in der Bevölkerung gegen unsere Verfassun[
gegen ihre großen Wahrheiten herrscht", schonungslos als I[
zeichnet, und von einem andern auf das bedenkliche Wahrz[
„Entmuthigung" hingewiesen, „die immer mehr Männer in die
Opposition treibe, und zwar derjenigen Opposition, welche
das Februarpatent gegebene Entwicklung von Anfang an
cirt und welche in Zuständen, die sich auf ganz anderer
entwickeln sollen, das Heil Oesterreichs finden zu können g[
Laufe der Erörterungen, wo der Ausweg aus den unb[
Zuständen der Gegenwart zu suchen sei, kam man der zutreffe[
heit ganz nahe und schien nur den Entschluß nicht fassen
vollends ihr lange gemiedenes Gebiet zu betreten. „Es sei ke[
hieß es, „daß es die Finanzlage sein könne, welche eine Um[
Ansichten herbeizuführen vermöge." Die Finanzlage aber hänge ni[
der Finanzverwaltung ab; es müßten zu ihrer Besserung alle ?

Für einen großen Theil des Reiches, wir meinen Ungarn, zeigt man sich in der That — ganz entgegengesetzt der Stimmung, die in dieser Hinsicht noch vor nicht langer Zeit herrschend war — von vielen Seiten zu Zugeständnissen in umfassender Weise geneigt. Warum nicht auch für die andern Länder? Die Einen geben sich der Erwartung hin, mit den übrigen Ländern der Monarchie, sobald man nur Ungarn zufrieden gestellt habe, eine entschiedenere Sprache führen zu können; Andere scheinen von dem Glauben befangen zu sein, mit Ungarn stehe es in der That, und zwar wesentlich, anders als z. B. mit Böhmen. Wir erblicken in der einen wie in der andern Auffassung nur einen Irrthum mehr, in unserer von Mißverständnissen und Entstellungen schon sattsam verwirrten Verfassungs= angelegenheit.

Die ungarische Frage hat, wie die der meisten andern Länder zwei Seiten: eine nationale und eine staatsrechtliche.

Was die erstere betrifft, so scheint es, als ob man es darauf angelegt hätte, sie durch die verschiedenartigste Durcheinandermengung so wider= spruchsvoll und verwickelt als möglich zu machen. Seit den zwanziger Jahren war es die linguistische Nationalität der Magyaren, die im Lande Ungarn und in allen ungarischen Kronländern nicht bloß Oberherr= schaft, sondern ausschließliche Geltung anstrebte, und alle andern Sprachen aus Schule und Kirche, aus Amt und Parlament mit allen Mitteln unbe= sonnener Gewaltthätigkeit zu verdrängen suchte. Als dann nach dem Jahre 1848 der Grundsatz der nationalen Gleichberechtigung zur Anerkennung ge= langte, von dessen Standpunkte aus die linguistische Nationalität der Ma= gyaren mit jener der Slovaken, der Serben, der Romanen, der Kroaten auf eine Linie zu stehen kam, war es, wenn wir nicht irren, zuerst Baron Joseph Eötvös, welcher mit der Behauptung auftrat, das Magyarenthum sei die politische Nationalität Ungarns und müsse um dieses Umstandes willen als die tonangebende betrachtet werden. Endlich hörte man sagen, die magyarische Sprache sei die diplomatische des Landes, was zu der Ansicht verleiten konnte, als ob Ungarn ein selbständiges unabhängiges Königreich wäre, dem gegenüber die Erzherzogthümer, Böhmen, Galizien, u. s. w. als Ausland erschienen.

In Wahrheit und Klarheit verhält sich die Sache einfach so: Man will entweder die linguistische Nationalität des Magyarenvolkes, oder man will die politische Nationalität des Ungarlandes zur Geltung brin= gen. Will man das erstere, dann muß man vor allem die Sache des Kroaten=, des Slovaken=, des Sachsen=, des Serben=, des Romanenvolkes ganz aus dem Spiele lassen und sich fragen, ob der Magyarenstamm, eingeklemmt zwischen alle diese, ihm an Zahl nahe oder gleich stehende anderssprachige Völker=

schaften, in deren Mitte er ein vielfach durchbrochenes und zerrissenes, durch keine natürlichen Gränzen abgeschiedenes Gebiet bewohnt, die Bedingungen eines gesicherten abgesonderten Daseins in sich trage. Will man aber das zweite, will man, wie vor ein paar Jahren das Stichwort lautete, „die historisch-politische Individualität" Ungarns gewahrt wissen, dann hat diese rein staatsrechtliche Idee mit den sprachlichen Verhältnissen der auf dem ungarischen Boden angesessenen Stämme nichts zu schaffen und kommt es einzig darauf an, die politische Daseinsfrage Ungarns und seiner Kronländer in's reine zu bringen und die politischen Gegenseitigkeitsverhältnisse zu den andern Ländern und zu dem Gesammtkörper des Kaiserstaates auseinander zu setzen.

Wir sind keinen Augenblick darüber im Zweifel, daß es dieses letztere Ziel ist, dessen Erreichung allen einsichtsvollen Patrioten Ungarns am Herzen liegt, welche Erreichung sie aber durch die Dazwischenmengung und ebenso ungerechte als unkluge Behandlung der Nationalitätsfrage nicht nur nicht fördern, sondern offenbar erschweren, ja theilweise unmöglich machen. Oder worin anders als einzig und allein in diesem Umstande wäre der Ursprung jenes Risses zu suchen, der eine kaum mehr ausfüllbare Kluft zwischen Ungarn und Kroatien schuf? Gerade dieses gewichtige und folgenreiche Ereigniß sollte allen ungarischen Vaterlandsfreunden die dringendste Mahnung sein, von dem bisherigen Wege entschieden abzulenken. Man thut zwar in den letzten Jahren dergleichen, als wollte man dem allein statthaften Grundsatze der nationalen Gleichberechtigung auch innerhalb der Marken Ungarns Raum geben; doch wem ein näherer Einblick in die Art und Weise gegönnt ist, wie man das in Ausführung zu bringen gedenkt, der wird die Ueberzeugung davon tragen, daß man bis zu dieser Stunde noch weit davon entfernt sei, von der seit Jahrzehnten festgehaltenen irrthümlichen Grundanschauung abzulassen [1]). Allein, jemehr das Selbstgefühl der andern Nationalitäten in Ungarn, durch die Zumuthungen und Uebergriffe des Magyarenthums fortwährend in Thätigkeit erhalten, zu Bewußtsein und Kräften gelangt, desto dringender wird ihr Ruf ergehen, daß man ihnen in Wahrheit, nicht bloß zum Schein, gebe und gewähre, was ihre nationalen Bedürfnisse erheischen: nationale Schulen, nationale Behörden, nationalen Instanzenzug von unten bis hinauf. In Siebenbürgen, von den Ungarn als ihnen zugehöriges Nebenland betrachtet, wurde letzter Zeit in dieser Richtung Bahn gebrochen und wir wollen hoffen, daß Ungarns hervorragende Partei-

---

[1]) Erst in der letzten Zeit brachten öffentliche Blätter einen Weheruf aus der Murinsel, „diesem kroatischen Banate", daß seit der Wiedervereinigung derselben mit dem Zalader Comitate alle öffentlichen Organe, die Geistlichkeit, die Schulen, am ärgsten aber die Beamten, an der völligen Entnationalisirung, d. i. Magyarisirung, dieses Gebietes arbeiten.

führer den zur Nachahmung drängenden Vorgang nicht unbenützt lassen werden. Es läßt sich von Ungarn sagen, was früher von Oesterreich überhaupt gesagt wurde: Die verschiedenen Völker, die das Land bewohnen, sind nicht durch Zufall zusammengekommen; sie sind durch tausend Fäden an einander gekettet und es lebt in ihnen allen, wie verschieden ihre Sprachen und ihr Ursprung sein mag, ein reges Bewußtsein der Zugehörigkeit zu dem Lande, dessen Freuden und Leiden sie seit so vielen Jahrhunderten theilen. Sie alle fühlen sich als Ungarn, wenn gleich mehr als die Hälfte von ihnen nicht als Magyaren. Aber eben diese nicht-magyarische Bevölkerung soll man nicht muthwillig dem Lande entfremden. Es wird ihnen nicht beifallen, in nationaler Beziehung Lostrennung anzustreben oder Anknüpfungspunkte außerhalb der Gränzen Ungarns zu suchen, sobald sie die begründete Hoffnung haben, ihre billigen Wünsche und Erwartungen von den maßgebenden Organen ihrer Heimat gewürdigt und befriedigt zu finden.

Die gedeihliche Lösung dieser, wir geben es willig zu, nicht leichten Aufgabe kann nur im Lande und vom Lande selbst vollzogen werden; jene der staatsrechtlichen Frage ist sowohl in Ungarn als von der Gesammtregierung anzubahnen. Von der letztern wurde bekanntlich bis auf die jüngste Zeit, trotz alles Drängens und Treibens von den verschiedensten Seiten, an dem System des Zuwartens festgehalten. Wie uns dünkt, ohne allen und jeden Erfolg. Wir vermögen uns nicht der Hoffnung hinzugeben, daß die Probe, die man sich nun ernstlich mit einem demnächst zu berufenden ungarischen Landtage zu machen anschickt, gut ausfallen werde. Wohl ist man jenseits der Leitha, wenn nicht alle Anzeichen trügen, der langen Unthätigkeit, aufrichtig müde und man scheint den besten Willen zu haben, die wiederkehrende Gelegenheit zu einem Ausgleich bedachtsamer zu nützen, als dieß vor vier Jahren der Fall war. Aber werden den Besonnenen im Landtagssaale von Pest im künftigen Sommer mehr Mittel, schlagendere Beweggründe als im Jahre 1861 zu Gebote stehen, um die zahlreichen Heißsporne, die sich der beifallspendenden Menge gegenüber in hochgespannten Ansprüchen und Forderungen zu überbieten drängen werden, im Zaum zu halten? Hat nicht auch damals ein Deák, auf dessen gediegene und würdevolle Sprache sein ganzes Land horcht, mit dem: „Entweder die österreichischen Gesetze oder die Anarchie" begonnen und mit dem: „Von Fall zu Fall" geendet? Wenn man sich nun nach fruchtlosem Verlaufe des kommenden ungarischen Landtags neuerdings auf's Warten angewiesen sehen würde, was dann? Man wird vielleicht zur späten Einsicht kommen, daß von Anfang her das Warten den ungarischen Ländern gegenüber von keinem Nutzen sein konnte, so lange ihm nicht ein recht fleißiges Wirken in den nicht ungarischen Ländern zur Seite ging.

Es ist von vorn herein gefehlt, wenn man die ungarische Frage — wir meinen von nun an überall die staatsrechtliche Seite derselben — losgelöst und vereinzelt, d. h. außer ihrem naturgemäßen Zusammenhange mit den rücksichtlich der anderen Länder der Monarchie zur Sprache kommenden Interessen in's Auge faßt. Ein solcher Vorgang ist nicht bloß irrig, er ist geradezu verfassungswidrig, weil er gegen das erste und oberste unserer Staats=grundgesetze verstößt. Das erste Wort, das unser jetzt regierende Kaiser vom Throne herab sprach, galt der Einheit und Untheilbarkeit des Reiches. Es wurde dieß Wort eben so gut Ungarn gegenüber, das sich da=mals noch in vollem Aufstande befand, wie bezüglich der anderen Kronlän=der gesprochen. Der Verfassungsentwurf von Kremsier, die Verfassung von 1849 waren auf den gleichen Grundsatz gebaut. Weder das Octoberdiplom noch das Februarpatent wissen etwas von einem staatlichen Dualismus. Wenn ersteres eine besondere Veranstaltung für jene Königreiche und Länder, deren Gesetzgebung seit einer Reihe von Jahren eine gleiche Behandlung erfuhren, in Aussicht stellte, und wenn letzteres diese Veranstaltung in der Form des engeren Reichsrathes zu schaffen für gut fand, so können wir hierin nach dem Wortlaute wie nach dem Geiste des Octoberdiploms, als dessen Ergänzung und Erfüllung sich das Februarpatent selbst erklärt, nur eine Zweckmäßigkeitsmaßregel erblicken, und das um so mehr, als der engere Reichsrath nirgends als permanentes Institut erklärt ist, wie der nach den Grundsätzen der Verfassung regelmäßig wiederkehrende weitere. Mit der staatsrechtlichen Stellung der Länder dießseits und jenseits der Leitha zum Gesammtreiche hat, unserer Auffassung nach, jene Einrichtung durchaus nichts zu schaffen, und es wird sich, wenn einmal die verfassungs=mäßigen Zustände im ganzen Umfange des Reiches einen sichern Boden ge=wonnen haben werden, die Ersprießlichkeit eines ähnlichen Auskunftsmittels auch Ungarn gegenüber herausstellen. Das wird dann der Punkt sein, wo das Deák'sche „von Fall zu Fall" an seinem Platze ist. Die blinde und gehäßige Leidenschaft der Parteien wird noch auf ge=raume Zeit hinaus in jedem ähnlichen Schritte einen Versuch neuerlicher Centralisation erblicken. Aber Blindheit, Gehäßigkeit und Parteileidenschaft werden hoffentlich nicht ewig währen; sie werden mit der Zeit der Ruhe, der Ueberlegung, dem gegenseitigen Vertrauen und Wohlwollen Platz machen. Kann man wohl sagen, es gehöre in das Gebiet der Unmöglichkeit, daß mit der fortschreitenden Civilisation dereinst Frankreich und England sich über gemeinsame Grundsätze des Handels= und Wechselrechtes, des Verfahrens in Handels= und Wechselsachen verständigten? Würden darum Frankreich und England centralisirt sein? Jetzt schon sehen wir, daß die deutschen Staaten in diesen beiden Richtungen Einheit ihrer Gesetzgebungen zu Stande brachten, und daß sie die gleiche Einheit auch im Civilrechte und Processe herzustellen bemüht sind. Wenn sich derartige Zweckmäßigkeitsveranstaltungen unter selbständigen Staaten denken lassen, ohne daß deren Souverainität da=durch der geringste Abbruch geschähe, warum sollten sie nicht um soviel mehr zwischen den verschiedenen Ländern eines und desselben Staates möglich sein, ohne daß die verfassungsmäßige Autonomie dieser Länder irgend welche Einbuße erlitte?

Doch kehren wir zu unserer Hauptsache zurück. Die staatsrechtliche Seite der ungarischen Frage, sagten wir, darf nicht zu lösen versucht werden, ohne die Stellung der nicht-ungarischen Länder mit in die Lösung einzubeziehen. Ueber den **einen** Angelpunkt muß man sich klar sein, woran nicht gerüttelt, nicht gedeutelt, nicht gemäkelt werden darf: **Der Grundsatz der Einheit und Untheilbarkeit des österreichischen Kaiserstaates, der mit der Thronbesteigung unserer glorreich regierenden Majestät zum vollen Ausdruck gelangte, weist mit Entschiedenheit jeden Versuch von sich ab, die staatsrechtlichen Beziehungen eines Theiles des Reiches zum Ganzen in wesentlichen Stücken auf eine andere Grundlage zu stellen, als auf welcher die übrigen Theile ruhen sollen.** Die vom Throne herab ausgesprochene Einheit des österreichischen Gesammtstaates verbietet, daß man Ungarn gewähre, was man den andern Ländern zu versagen sich benöthigt findet; sie gebietet, daß man jenem versage, was man diesen zu gewähren außer Stande ist.

Ungarn erhebt Ansprüche: erhebt solche nicht auch z. B. Böhmen? Wenn man den ungarischen Ansprüchen innerhalb gewisser gebotenen Gränzen gerecht zu werden gesonnen ist, welchen haltbaren Grund kann man haben, die böhmischen kurzweg abzuweisen? Oder umgekehrt: wenn man die Anerkennung der böhmischen Ansprüche mit den Grundsätzen der Einheit und Machtstellung des Gesammtreiches unbedingt unvereinbar findet, in welcher Weise dürfte man die Anerkennung der ungarischen Ansprüche unter gewissen Bedingungen mit diesen Grundsätzen vereinbar finden? Steht Böhmen dem kaiserlichen Throne näher oder ferner als Ungarn? Oder ist die Lockerung des Bandes, das einen Theil an das Ganze knüpft, bei Ungarn minder bedenklich als bei Böhmen? Oder ist die Ertheilung von Zugeständnissen an Böhmen minder dringlich als an Ungarn? Wir zweifeln, daß sich jemand finden ließe, irgend einen dieser Fragesätze zu bejahen. Zwischen den staatsrechtlichen Ansprüchen Ungarns und Böhmens besteht der Unterschied einzig und allein darin, daß die von den Fanatikern des historischen Rechts in beiden Ländern gesuchte Anknüpfung an Verhältnisse, welche der Gang der Ereignisse überfluthet hat, in Böhmen auf ein paar Jahrhunderte, in Ungarn kaum auf ein paar Lustren zurückgreift[1].

---

[1] Wir können uns hier über die wichtigsten Dinge nur sehr kurz fassen, und daher nur diese Anmerkung benützen, um zu erklären, daß wir nicht zu den Anhängern der s. g. Verwirkungstheorie, aber noch weniger zu den Verfechtern jener vorgeblichen Rechtscontinuität gehören, die auf die ungarische Gesetzgebung von 1848 zurückgeht und

Kern und Wesen der Frage sind in beiden Ländergebieten dieselben und es geht darum nicht an, die Lösung derselben hier so, dort anders zu versuchen.

Wir können es hier nicht in's einzelne ausführen, in welcher Weise wir uns diese für die Zukunft unseres Kaiserstaates entscheidende Angelegenheit geschlichtet denken. Unsere allgemeinen Andeutungen haben nur den Zweck, zu der Einsicht zu leiten, daß das Verhalten unserer Regierung rücksichtlich der staatsrechtlich-organisatorischen Fragen in den nicht-ungarischen Ländern von maßgebender Bedeutung für die Anbahnung des Ausgleiches mit Ungarn sein wird. Ungarn kann staatsrechtlich nur von den nicht-ungarischen Ländern aus erobert werden. Mit andern Worten: Jedes Opfer — wenn man Opfer nennen will, was in seinen Folgen nur zum dauernden Heile des Ganzen und aller seiner Bestandtheile ausschlagen kann! —, das die Regierung in decentralisirender Richtung in den nicht-ungarischen Ländern bringen wird, muß zum reichen Gewinn werden, der ihr dafür jenseits der Leitha in den Schoß fällt.

Wir haben hierbei einem Mißverständnisse und einer Befürchtung zu begegnen.

„Heißt das nicht", so wirft man uns ein, „die alles Maß überschreitenden Forderungen, mit deren Niederhaltung wir jenseits der Leitha genug zu schaffen haben, nun auch in den dießseitigen Ländern aufreizen? Heißt das nicht die Schwierigkeiten, mit denen wir bisher nur in Ungarn zu kämpfen hatten, leichtfertig und unbesonnen auch auf das nicht-ungarische Gebiet verpflanzen? Heißt das nicht, was uns bisher in einem Theile des Reiches bekümmerte, zu einem Gegenstand der Besorgniß im ganzen Staatsumfange machen?"

Wir antworten hierauf: Mit aller Entschiedenheit weisen wir, in Ungarn wie anderwärts, jedes Streben zurück, das irgend einen Theil unseres Kaiserstaates zu den übrigen in eine Verbindung setzen wollte, die nur in der Gemeinsamkeit des regierenden Hauses ihren Ausdruck fände; und mit gleicher Entschiedenheit sprechen wir uns gegen jedes, Ungarn oder einem andern österreichischen Lande zu machende Zugeständniß aus, das die Einheit und Untheilbarkeit, die Gesammtkraft und Machtstellung der Monarchie im geringsten beeinträchtigen würde. So gewiß wir, wo es immer angeht, der Beachtung und Wahrung geschichtlich begründeter Ansprüche das Wort reden, so gewiß legen wir unter allen Umständen auf die Beachtung und Wahrung des großen und allgemeinen Ganges geschichtlicher Entwicklung das stärkste Gewicht. Dieser geschichtliche Entwicklungsgang lehrt aber erstens: daß zwischen den mächtigen Ländergruppen, die unter Fer-

alles ignorirt, was sich von dieser Zeit herab, geschichtlich und staatsrechtlich entwickelte. Wie wird die kaiserliche Regierung zugeben können, daß man sich von irgend einer Seite herausnehme, das, was von 1849 bis 1860 geschehen, einfach als n i c h t geschehen zu betrachten.

dinand I. dauernd mit den habsburgischen Erblanden vereinigt wurden, von Anfang her nichts weniger als eine bloße Personalunion bestanden habe, und zweitens: daß im Laufe der Jahrhunderte die gemeinsamen Bande, die den Besitzstand des „Hauses Oesterreich", wie man es früher nannte, umschlangen, immer fester und vielfältiger wurden. Wenn man für Ungarn und dessen Nebenländer nach dem Begehren des Landtages von 1861 nur den Scepter des gemeinsamen Herrschers anerkennen, und mit den Organen der nicht=ungarischen Länder höchstens den „Verkehr von Fall zu Fall" zulassen wollte, so hieße dieß nichts anderes, als das Zurückmachen einer Geschichte, die seit viertbalbhundert Jahren in stetigem Gange nach vorwärts begriffen war. Wie gegen Begriff und Sache der „Personalunion", so haben wir uns darum auch jederzeit gegen die Ausdrücke: „Föderation", „Föderalisten", „Föderativsystem" mit Nachdruck erklärt, weil dieselben nur zu Mißdeutung und Mißbrauch führen können. Die schweizerische Eidgenossenschaft ist ein Födus, der deutsche Bund ist ein Födus, die vereinigten Staaten von Nordamerika sind ein Födus; aber Oesterreich ist kein Födus, ist keine bloße Verbindung von „historisch=politischen Individualitäten", ist weder ein Bundesstaat noch ein Staatenbund. Weit entfernt also, daß wir dasjenige, was sich im Jahre 1861, der ganzen geschichtlich=staatsrechtlichen Entwicklung des österreichischen Gesammtreiches zum Trotz, mit separatistischen Tendenzen in Ungarn breit machte, nun auch in der nicht=ungarischen Hälfte des Reiches aufkommen ließen, werden wir vielmehr derlei Bestrebungen diesseits der Leitha mit nicht geringerer Entschiedenheit bekämpfen als jenseits derselben. Was wir wünschen, ist nicht, daß man den exorbitanten Ansprüchen, die vor vier Jahren von den Schildträgern der ungarischen Personalunionsidee erhoben wurden, in den andern Ländern freiwillig den Boden bereite. Was wir erwarten, ist im Gegentheile, daß jene exorbitanten Ansprüche in dem Maße, als in den andern Ländern der Grundsatz innerer Selbstregierung, soweit es nur das Wohl und die Macht des Ganzen zuläßt, zur Geltung gelangt, von selbst auf die Linie des Gewährbaren von der einen, des Erreichbaren von der andern Seite zurückgehen werden. Denn eines darf man nicht vergessen, wenn man die überspannten Anforderungen der Wortführer des ungarischen Particularismus nicht ungerecht beurtheilen will: einen großen Theil der Schuld jener Haltung der ungarischen Parteimänner trägt die Befürchtung, daß sie alles verlieren könnten, wenn sie weniger verlangten. Werden Thatsachen sie überzeugen, daß angesichts des Vorgehens der Gesammtregierung in den andern Theilen des Reiches diese Befürchtung grundlos sei, dann werden sie anstatt unerfüllbaren Phantasien nachzujagen, auf den unwandelbaren Boden der Wirklichkeit herabsteigen und da festen Fuß zu fassen suchen. —

„Aber würde nicht", dieß ist der zweite Einwurf, dem wir begegnen, „durch Veranstaltungen, wie man sie hier vorschlägt, das gerade Gegen=

theil von dem bewirkt werden, was doch so eben als Eigenthümlichkeit des großen Ganzes unserer geschichtlichen Entwicklung hervorgehoben wurde, daß sich nämlich das gemeinsame, alle Theile des österreichischen Staatsganzen umschlingende Band im Laufe der Zeiten nicht lockerte, sondern von Jahrhundert zu Jahrhundert fester und inniger knüpfte?"

Wir unterscheiden äußerliche Einheit und innerliche Einigung. Die äußerliche Einheit ist allerdings am vollendetsten, wenn sie Ebenmäßigkeit und Gleichförmigkeit in allen Theilen des Ganzen schafft, wenn sie alle Triebfedern der Staatsmaschine bis zu den entferntesten Gränzen des Reiches nach dem abgemessenen Pendelschlage der Uhr in Bewegung setzt und erhält. Allein eine derartige Veranstaltung läßt sich mit bleibendem Erfolg nur dort durchführen, wo alle Theile des Ganzen, das auf solche Art regiert werden soll, einerlei Art und Wesens sind. Das ist bekanntlich bei uns nicht der Fall. Die Eigenthümlichkeit der verschiedenen Bestandtheile Oesterreichs ist so groß, daß die versuchte Anwendung des französischen Systems jederzeit mißglücken müßte, daß man vielmehr, so weit sich dieß mit der Einheit und Machtstellung des Ganzen verträgt, darauf wird bedacht sein müssen, durch umfassende Zugeständnisse in autonomer Richtung das Wohl der einzelnen Länder mit dem Wohle des Ganzen zu verbinden.

Wir stellen uns hierbei durchaus auf den Boden der Verfassung, und zwar unserer ganzen Verfassung, welche die Eigenschaft der Entwicklungsfähigkeit in ausreichendem Maße besitzt. Wir anerkennen das Februar-Patent eben so als Ausfluß des allerhöchsten Willens wie das October-Diplom, und wir lassen, was man etwa an den Bestimmungen des ersteren geändert wissen möchte, nur auf verfassungsmäßigem Wege zu. Wir stellen den vom Throne herab ausgesprochenen Grundsatz „der Sicherung, Feststellung und Vertretung des staatsrechtlichen Verbandes der Gesammtmonarchie" an die Spitze. Wir preisen die Weisheit des kaiserlichen Befehles rücksichtlich jener „Gegenstände der Gesetzgebung", für welche „seit einer langen Reihe von Jahren" in den nicht-ungarischen Ländern „eine gemeinsame Behandlung und Entscheidung stattgefunden hat." Und wir sehen nicht ein, was im Wege stehen sollte, daß auch für jene Zweige, die nicht zu den unbedingt und ausnahmslos dem Wirkungskreise gemeinsamer oberster Verwaltungsbehörden — das kaiserliche Haus, die auswärtigen Angelegenheiten, Reichsfinanzen, Militärwesen, Handel und Verkehrsmittel — zugewiesenen gehören, Einrichtungen im Mittelpunkte des Reiches getroffen würden, um auch den ungarischen Ländern gegenüber, ohne die verfassungsmäßige Selbstbestimmung derselben im geringsten zu beirren, die Einheit der allgemeinsten Grundsätze und jenes Ineinandergreifen der verschiedenseitigen Gesetzgebungen zu vermitteln, das doch nur zur gedeihlichen Entwicklung des Ganzen wie aller einzelnen Theile desselben beitragen müßte.

Wem es an diesen Bürgschaften für die Einheit des Gesammtstaates und für die Wahrung der Eigenthümlichkeiten der einzelnen Königreiche und Länder nicht genug ist, wer sich von kleinlichen Bedenken gefangen nehmen läßt, der Gesammtstaat müsse dabei seinem Zerfall entgegengehen, der gibt dadurch zu erkennen, daß er nicht weiß, was Oesterreich ist. Das äußerliche Band der Einerleiheit und Gleichförmigkeit würde allerdings in den meisten Stücken aufgegeben werden, aber nur um des höhern Vortheils wahrer innerlicher Kraft und Einigung willen. Es müßte sich dadurch in den wichtigsten Gebietstheilen des Reiches jene wohlthuende Befriedigung herstellen, die man unter den gegenwärtigen Verhältnissen, wie wohl niemand zu läugnen versuchen wird, in den Gemüthern eines großen Theiles der Bevölkerung schmerzlich vermißt. Das allseitig gehobene Vertrauen müßte die überreichen Kräfte in allen Theilen der Monarchie, denen überall der naturgemäße Boden und Spielraum freien Wirkens gegönnt wäre, beleben und erhöhen. Hierdurch, sowie durch die Entlastung des Reichsbudgets von einer Anzahl Rubriken, deren verfassungsmäßige Behandlung den Landtagen der einzelnen Kronländer anheimfiele, müßten unsere finanziellen Zustände einer raschen Besserung entgegengehen. Und bei allem dem würde das Gefüge Oesterreichs als Gesammtstaat nicht lockerer werden, sondern im Gegentheil nur fester, weil inniger. Endlich würde Oesterreich dabei nicht bloß an innerer Macht gewinnen, sondern auch an äußerer, was wir zum Schlusse noch mit wenigen Strichen klar machen wollen.

8.

Der befriedigende Abschluß unserer Gesammtstaatsverfassung ist nicht bloß von unabsehbarer, auf Jahrhunderte hinaus heilsam und segensreich wirkender Bedeutung für Oesterreich, er ist es in kaum geringerem Grade für das ganze Europa. „Delenda Austria!" Nur die verblendetste, kurzsichtigste Leidenschaft kann einen solchen Gedanken fassen, einem solchen Wunsche Ausdruck geben. Oesterreich würde nie geworden sein was es ist, wenn sein Zustandekommen nicht auf einem durch die territorialen und politischen Verhältnisse seiner früher getrennten Bestandtheile bedingten Processe beruht hätte, und wenn sein Bestand im europäischen Staatensysteme nicht eine durch die territorialen und politischen Verhältnisse seiner Nachbarländer begründete Nothwendigkeit wäre. Aus diesen beiden Thatsachen allein erklärt es sich, warum Oesterreich zwar oftmal vom Neide angefeindet, von der Leidenschaft angegriffen, von vorübergehenden Unglücksfällen hart betroffen, ja scheinbar an den Rand des Verderbens gebracht werden konnte, warum es aber immer wieder, sobald die Gewalt der Verhältnisse über die Pläne der Menschen, die „commenta hominum", Oberhand gewann, nicht bloß unversehrt, sondern mit vermehrter Macht aus den Stürmen hervorging. Das ist die Ausdauer Oesterreichs, die von seinen Gegnern oftmals angestaunt wurde; das ist das Eigenthümliche seines Seins und Wesens, das von jeher in seiner traditionellen Politik Ausdruck fand. Oesterreich war niemals schüchtern zu nehmen, was ihm vom Glück gebracht in seinen Schoß fiel. Oesterreich hat sich zu Zeiten „gebückt, wo es ein Stück Land aufzuheben gab", wie Katharina II. vor der ersten Theilung Polens sagte. Aber Oesterreich hat nie Freibeuter-Politik getrieben, ist nie willkürlich auf Eroberungen ausgegangen, es hat stets die Verträge geachtet und von Andern die Achtung derselben gefordert [1]).

Es ist bezüglich unseres Großstaates dem Wiener Congresse von vielen Seiten, unter andern von dem Schriftsteller, dessen Worte wir so eben unter dem Texte angeführt, zweierlei zum Vorwurf gemacht werden: daß er die Vergrößerung Oesterreichs in Oberitalien geduldet, und daß er ihm dieselbe nicht vielmehr in den türkischen Donauländern zugewiesen habe; sei ersteres ein beklagenswerther Mißgriff, so sei letzteres ein offenbares Uebersehen gewesen.

„Italien", meinte Pradt, „werde für Oesterreich immer kostspielig zu bewachen, von zweifelhafter Treue und im Innern schwierig zu verwalten sein. Die Italiener werden stets die Herren bei sich zu Hause, werden die Herren ihrer Herren sein; sie werden sich versammeln, um einander ihre Schmerzen zu klagen, es werde mit den Italienern wie mit den Polen sein. Auch Frankreich gegenüber habe man in Italien gefehlt; man habe Sardinien nach Westen hin die Alpen überschreiten lassen, und das hätte nie geschehen sollen; die Alpen müßten die ewige Scheidewand zwischen Frankreich und Italien bilden. Man würde am besten gethan haben, aus Ober-Italien ein großes Königreich zu bilden, vom Fuß der Alpen bis zum Isonzo; dadurch würde man Frankreich für immer von Oesterreich, seinem großen und alten Nebenbuhler, getrennt haben; statt dessen habe man beiden

---

[1]) Sehr schön sagt Pradt II. p. 1 sq. von den napoleonischen Kriegen: „L'Autriche avait été plus constante qu'heureuse dans cette lutte. Suivant son usage, de tous ses alliés toujours elle s'était retiré la dernière du champ de bataille. La constance est la qualité distinctive de cette puissance. Elle s'engage difficilement, mais elle tient aux engagements contractés : elle tient de même à ses projets, et c'est cette suite des idées à travers les vicissitudes du temps, qui lui a donné les moyens d'étendre et d'affermir son empire." —

Reichen dieselben Schlachtfelder offen gelassen, auf denen so lange Zeit und so vergeblich Franz I. und Karl V. sowie deren Nachfolger ihre Kräfte maßen. Solle denn Italien niemals dahin kommen, sich von den Nachkommen der Kimbrer und Teutonen und von jenen des Brennus loszumachen? Dieses Verfahren sei ein unüberlegtes gewesen; es sei entgegen zu gleicher Zeit dem Wohle Italiens, dem Wohle Frankreichs, dem Wohle Oesterreichs, dem Wohle von Europa. Wie ungleich besser würde man gethan haben, Oesterreichs Machterweiterung nach einer Seite hin zu suchen, die nichts gefährliches für Europa haben konnte, die ihm vielmehr von dauerndem Nutzen sein mußte. Bosnien, Serbien, Türkisch-Croatien seien dafür wie geschaffen — Gebiete, die mehr dem Namen nach dem Sultan angehören, dessen Oberherrschaft daselbst seit jeher bestritten und beunruhigt sei, während sie den natürlichen Anschluß an Dalmatien und Oesterreich-Croatien hätten" ²).

So viel wahres dem ersten Theile dieser Bemerkungen zu Grunde liegt, so vermögen wir demselben in der Wesenheit doch nicht beizustimmen. Das Bestreben Oesterreichs in Nord-Italien festen Fuß zu haben, ist weder ein neues noch ein willkürliches. Die Glanzperiode der Geschichte des deutschen Reiches weiß von dem jahrhundertlangen Ringen zu erzählen, das die Erreichung dieses Zieles im Auge hatte. Die österreichische Politik hat nur die Traditionen der deutschen in sich aufgenommen und festgehalten. Man irrt, wenn man meint, die Ruhe Europa's würde durch ein selbständiges und starkes Königreich Ober-Italien gewinnen. Es wäre das, im Zusammenhange mit dem übrigen, von der "Herrschaft der Fremden" gereinigten italienischen Boden, nichts als eine Sanctionirung der immer weiter gehenden italienischen Anmaßungen nach Norden und nach Osten. Nach der letztern Seite würde es mit dem Isonzo nicht abgethan sein; es würde das Küstenland, Triest, Dalmatien auch mit verlangt werden, die "freie Adria" mit dem östlichen und westlichen Gestade. Nach Norden hin würden die italienischen Angriffe mit dem fortwährenden Zurückdrängen der deutschen Zunge an Ausdehnung zunehmen — man studiere die in steigender Progression wachsende Italienisirung von Südtyrol gegen den Brenner zu — und anstatt die Schweiz, Deutschland, Oesterreich wider das italienische Element geschützt zu haben, würde man dieses letztere angriffsweise bis in das Herz jener Länder eindringen sehen. Was ferner den Zankapfel zwischen Oesterreich und Frankreich betrifft, so würde dieser durch ein Königreich Ober-Italien, das zu immer neuen Streitigkeiten nach beiden Seiten hin Anlaß böte, nicht beseitigt sein; eher noch könnte man das gewünschte Ziel zu erreichen hoffen, wenn sich die Gränzen von Oesterreich und Frankreich in Ober-Italien am Ticino berührten. Wir aber erblicken, wie von uns

---

²) Pradt II. p. 6 su., 11 su., 25—50.

schon früher ausgeführt wurde, die Gewähr für die künftige Beruhigung Italiens und Europas einzig in einem Föderativverhältnisse der apenninischen Halbinsel, woran sich die nachbarlichen Großmächte mit ihren beiderseitigen italienischen Besitzungen betheiligten.

Wenden wir nun den Blick nach dem Südosten unserer Monarchie! Getreu unserer Anschauung von dem Berufe Oesterreichs und dem Charakter seiner Politik, sind es nicht Annexionsgedanken, von denen wir uns beherrschen lassen, obgleich wir die Eventualität nicht übersehen, die Oesterreich auf dieser Seite Gebietszuwachs zuführen könnte.

Oesterreich hat alle Ursache, den deutschen Angelegenheiten seine unausgesetzte Aufmerksamkeit und Thätigkeit zuzuwenden: es hat jedoch nicht minder alle Ursache den südslavisch=türkischen Verhältnissen seine unausgesetzte Aufmerksamkeit und T h ä t i g k e i t zuzuwenden. Die Aufmerksamkeit zugegeben, aber von dem Vorwurfe der Unthätigkeit kann man unsere orientalische Politik seit dem Walten Metternich's in dieser Richtung nicht freisprechen. Je umsichtiger, staatskluger, siegreicher dieselbe bis auf die Zeiten des Fürsten Kaunitz herab gewesen, desto unangenehmer sticht dagegen der Mangel alles richtigen Verständnisses, aller Thatkraft und Entschlossenheit ab, der namentlich die Metternich'sche Verwaltung in dieser Richtung kennzeichnete. War es nicht noch Joseph II., der in weiser Voraussicht den moskowitischen Vergrößerungsgelüsten gegenüber die Dnjestr=Linie als Gränze zwischen Rußland und der Türkei festgehalten wissen wollte? Leider lenkten unmittelbar darauf der unglückliche Feldzug, dessen Ende der schwergeprüfte Kaiser nicht erlebte, der Ausbruch der französischen Revolution, die napoleonischen Kriege Oesterreichs Aufmerksamkeit von dieser Seite völlig ab; und die Rücksichten, die es im Geiste der heiligen Allianz seinem östlichen Bundesfreunde zu schulden glaubte, ließ der minder zartsinnigen Politik R u ß l a n d s freies Feld, seine ehrgeizigen Pläne gegen die ottomanische Pforte mit allen Mitteln seiner militärischen Uebermacht und mit aller Schlauheit einer wohldurchdachten Staatskunst Schritt für Schritt ihren Zielen näher zu bringen. Es rückte seine Gränze vom Dnjestr an den Pruth vor. Es bekam die Ausflüsse der Donau in seinen Besitz, deren wichtigsten es einer raschen Versandung anheim fallen ließ, um den Schiffen des freundnachbarlichen Oesterreich den Eintritt in das schwarze Meer zu erschweren. Es benützte jede Feindseligkeit mit der Pforte, um in hochtrabenden Manifesten, die es, in die Landessprachen übersetzt, in tausenden von Exemplaren ausstreute, die slavische Bevölkerung der Donauländer seine schutzbereite Machthobeit und Einflußnahme erkennen zu lassen. Es unterstützte jede Regung in diesen Ländern, um deren Abhängigkeit gegen die Pforte in eben dem Grade zu lockern, in welchem es deren Zuversicht auf Rußlands Hilfe und Unterstützung stärkte. Es half ein selbständiges serbi=

iſches Fürſtenthum zwiſchen der Dwina und dem Timok ſchaffen, das ihm als ſtets bereiter Bundesgenoſſe, als Stützpunkt für ſeine militäriſchen Operationen vom Sereth herab dienen konnte. Es warf dem Fürſten von Montenegro Jahresgelder aus und ließ ihn, in deſſen Eigenſchaft als kirchliches Oberhaupt der Cernagora, nach St. Petersburg wallfahrten, um der politiſchen und hierarchiſchen Hoheit des Zars die gebührende Huldigung darzubringen. Es nahm ſich des ſchüchternen und verwahrloſten Bulgarenvolkes an, ſandte ihm Gelder, Liebesgaben und Tröſter zu und baute ihm in Kazan eine prachtvolle Kirche, von deren Mauern, im Herzen des osmaniſchen Reiches, der Adler Rußlands herabglänzt. Es verſorgte von Kyjew aus die Gemeinden der orthodoxen Kirche mit Ritualbüchern, mit Heiligenbildern, mit Bildniſſen des ruſſiſchen Kaiſers, welchen letztern man, nach Verſicherung von Reiſenden, bis in die entlegenſten Hütten des Balkans begegnet.

Das alles that der „ferne" Zar; und was that das nahe Oeſterreich? Activ nichts, deſto mehr paſſiv. Wo ſeine wichtigſten Intereſſen auf dem Spiele ſtanden und der umſichtigſten Rührigkeit bedurften, ſchien ſich ſeine orientaliſche Politik ſeit dem unrühmlichen Frieden von Siſtovo zu einer unbedingten Neutralität verurtheilt zu betrachten, und ließ es in rührender Unbefangenheit geſchehen, daß die ruſſiſche Macht von der ſchwarzen und weißen Przemśza bis zu dem See von Skutari unſere nördlichen, öſtlichen und ſüdlichen Gränzen theils durch unmittelbare Gebietsnachbarſchaft, theils durch ihren überall wachſamen, überall thätigen und beherrſchenden Einfluß umſpanne. Und was Rußland als griechiſch-orientaliſche Macht ſich nicht zueignen konnte, das ließen wir Frankreich als römiſch-katholiſcher zu gute kommen; nahm jenes das Protectorat über die byzantiniſchen Chriſten der otomaniſchen Pforte in Anſpruch, ſo ſäumte dieſes nicht auf die Schutzhoheit über die lateiniſchen Beſchlag zu legen. Unſer erhabener Monarch führt unter ſeinen Titeln den eines Königs von Jeruſalem: doch hat es ſich unſere morgenländiſche Politik angelegen ſein laſſen, der Vergangenheit und dem geſchichtlichen Beruf Oeſterreichs, welche dieſem Titel ſeinen Urſprung gaben, auch nur in einigermaßen achtunggebietender Weiſe gerecht zu werden? In allen Streitigkeiten, die ſich bis auf den Ausbruch des letzten orientaliſchen Krieges herab über die Berechtigung der lateiniſchen und der griechiſchen Kirche an den heiligen Stätten ergaben, waren es ſtets Frankreich und Rußland, die einander als ebenbürtige Rivalen gegenüber ſtanden.

Es iſt nicht zu leugnen — und mit Freude nehmen wir von dieſer Thatſache Act —, daß in den letzten zwölf Jahren unſere levantiniſche Politik einen Aufſchwung nahm, der zur Hoffnung berechtigen konnte, daß „jene lange Epoche, in welcher", wie ſich ein vaterländiſcher Schriftſteller ausdrückt¹), „vom Eugen'schen Geiste und Eugen'schen Wirken nichts übrig blieb, als die Grabcapelle des Helden im Stephansdom und das savoyische Kreuz im Belvedere", ihr Ende erreicht habe. Die Sendung und das energische Auftreten des Grafen Leiningen in Constantinopel, Februar 1853, das den türkischen Heerhaufen hart an der Gränze des mit dem Untergange bedrohten Montenegro Halt gebot, und die Wirksamkeit des Baron Bruck als Internuntius bei der Pforte bilden die Glanzpunkte jener Zeit. Man mag gegen das Gebahren dieses genialen und, wenn gleich außer den Marken Oesterreichs gebornen, von dem wärmsten Interesse für den Ruhm und das Gedeihen Oesterreichs durchdrungenen Staatsmannes als Handels- und später als Finanzministers das Verschiedenste einzuwenden haben: allein über die Art, wie er seine orientalische Mission erfaßte und durchzuführen verstand, kann bei allen, welche die Thatsachen kennen, nur ein Urtheil sein. Bruck war es, der nach jahrelanger Lethargie wieder einmal den Einfluß Oesterreichs in den Ländern, zu denen es Jahrhunderte lang in so ausdauernder, größtentheils feindseliger, aber immer achtunggebietender Beziehung stand, mit wirksamem Ernst zur Geltung brachte; der dem österreichischen Namen, vom Divan bis zu den untersten türkischen Behörden herab, eine Achtung und ein Ansehen verschaffte, dessen wohlthätige Wirkungen jeder, der dem Schutze des Doppeladlers angehörte, dankbar empfand; der endlich in der Behandlung der auswärtigen Angelegenheiten eine Sicherheit und eine Entschiedenheit entfaltete, der gegenüber, wie man damals mit Recht sagte, selbst die Vertreter Englands und Frankreichs „nur die zweite Violine spielten".

Wohl mußten uns gerade in Bruck's Tagen der orientalische Krieg und die unmittelbare Berührung, in welche derselbe unsere Truppen mit den türkischen Donauländern brachte, die Augen öffnen, wie weit bereits das minirende Wirken Rußlands seine Gänge und Gräben gegen unsere südlichen Ländergebiete getrieben habe. In einer eigenen Adresse empfahl der serbische Senat, für eine vorhergegangene Kundgebung in antirussischem Sinne demüthig Abbitte leistend, das Land dem ferneren Schutze und Wohlwollen des Kaisers Nikolaus. Als sich die Heere des Fürsten Gortakow den Gränzen Serbiens nahten, eilten zahlreiche serbische Officiere in seine

---

¹) Die Beziehungen Oesterreichs zu den Donaufürstenthümern in den Jahren 1854—1857 von Alphons Grafen Wimpffen in der österr. Revue v. J. 1864. — Ueberhaupt müssen wir es dieser werthvollen periodischen Schrift zum besondern Lobe nachsagen, daß sie den südlichen Nachbargebieten Oesterreichs eine fortwährende Aufmerksamkeit zuwendet. Die Aufsätze von Kanitz über Serbien, von Melnitzky über Montenegro, von einem Ungenannten über die Walachei während der österr. Besetzung 1854—1856 im Jahrg. 1863, der oben angeführte ausführliche Aufsatz des Grafen Wimpffen, die bulgarischen Fragmente von Kanitz u. a. im Jahrgang 1864 haben um so höhern Werth, als ihnen insgesammt unmittelbare Anschauung und Beobachtung zu Grunde liegt.

Suite und legten ihm die Sympathien ihrer Waffenbrüder und ihrer Landsleute dar. Unter dem Schutze Rußlands, das, wie früher bei jeder ähnlichen Gelegenheit, seine entflammenden Manifeste und Proclamationen über das Land ausgestreut hatte, wurde an die Bildung eines „griechisch-slavischen" Freicorps, einer heiligen Streiterschaar für alle orientalischen Christen, gedacht. Im Angesichte der österreichischen Truppen, die kampfbereit längs der türkischen Gränzen standen, wagte es der kleine Fürst von Serbien, eine von Ausfällen gegen Oesterreich strotzende Denkschrift bei der Pforte einzureichen, für die er dann, zur Rede gestellt, keine andere Entschuldigung vorzubringen sich herausnahm, als die, das Schriftstück sei nicht für die Oeffentlichkeit bestimmt gewesen.

Trotz allem dem war, ohne Schlachten und Belagerungen, die bloße militärische Machtentfaltung Oesterreichs in jenen Ländern entscheidend genug, um das Ansehen des Kaiserstaates bei allen christlichen Völkerschaften dießseits und jenseits des Balkan in eben dem Grade zu heben, in welchem jenes von Rußland durch die Schlappen, die ihm die türkischen Waffen beibrachten, und dann durch den vollständigen Rückzug aus seiner anmaßenden Angriffsstellung eine noch heute fühlbare Einbuße erlitt. Und war den Waffen Oesterreichs dießmal nicht die Gelegenheit geboten, sich thätig am Kriege zu betheiligen, so ließ es doch die Zeit der Anwesenheit seiner Truppen in der Walachei nicht unbenützt vorüber gehen, sondern schufen seine Officiere durch die großartigen und mit bewunderungswürdigem Erfolge während kaum drei Sommern vollendete Vermessung eines Gebietes von mehr als 1300 Geviertmeilen ein Werk, das der gegenwärtigen Regierung der romanischen Fürstenthümer trefflich zu Statten kommt [1]).

Fragen wir nun, durch welche Mittel, durch Benützung welcher Hebel dem fernen Rußland in jenen Landstrichen gelingen konnte, was dem nahen Oesterreich entgangen ist, so werden manche um die Antwort nicht verlegen sein. „Die nationale und confessionelle Verwandtschaft", werden sie sagen, „ist es, welche Rußland den türkischen Donau- und den dalmatischen Hinterländern gegenüber vor Oesterreich voraus hat." Allein ist dem wirklich so? Wir behaupten: Gerade umgekehrt! Als unsere Truppen im Jahre 1854 in die Fürstenthümer rückten, zogen sie in ein ihnen fremdes Land, unter eine Bevölkerung, mit der sie außer allem Verkehre waren. Der österreichische Name war natürlich dort nicht unbekannt, die Erinnerung an die Kriegszüge Oesterreichs in verblichenen Tagen nicht erloschen; aber eine un-

---

[1]) Mannoir in den „Annales des voyages" behauptet, daß den österreichischen mit jener Aufnahme betrauten Officieren walachische zugetheilt waren, die ihre Studien in Frankreich gemacht hatten. Der ungenannte Verfasser des o. a. Aufsatzes in der österr. Revue 1863 I. S. 337 bemerkt dagegen: daß von jenen walachischen Officieren, die er insgesammt kennen zu lernen Gelegenheit hatte, keiner Studien über Vermessungsarbeiten in Frankreichs Schulen gemacht haben konnte; „man müßte anders diesen Schulen oder dem Fleiße jener Officiere zu nahe treten."

mittelbare massenhafte Berührung der dortigen Einwohner mit den Söhnen der österreichischen Stämme hatte seit langen Jahrzehnten nicht stattgefunden. Und doch wie bald wurde Bekanntschaft gemacht. Von den Besatzungstruppen war ein großer Theil Romanen und Italiener, und der gutmüthige und bildungsfähige walachische Bauer war eben so erstaunt als erfreut, von den kaiserlichen Soldaten seine oder eine der seinen ähnliche Sprache reden zu hören. Er nahm die Strenge und Pünktlichkeit, aber auch die Unparteilichkeit und Uneigennützigkeit unseres Waltens wahr, das gegen das wüste Benehmen, gegen die Bestechlichkeit und die Erpressungen, gegen die Proselytenmacherei, die er aus dem oftmaligen Hausen russischer Officiere und Truppen in seinem Lande kennen gelernt hatte, auf das vortheilhafteste abstach. Er lernte auch den Gegensatz unserer inneren Zustände gegen seine heimischen kennen und horchte begierig auf die Erzählungen unserer Krieger über den Schutz der Gesetze, den jedermann bei uns genieße, über das gleiche Maß der Gerechtigkeit, das im weiten Umfange des Kaiserstaates Vornehmen wie Geringen, Armen wie Reichen zugetheilt werde. Ist nicht eine wichtige Lehre aus dieser Thatsache zu ziehen? Rußland steht diesen Völkerschaften nicht nur territorial ferner, es ist ihnen auch ethnographisch nicht so verwandt, als Oesterreich, das Stammesgenossen fast jeder dieser Völkerschaften in zahlreichen Ansiedlungen auf seinem Gebiete hat. Nicht anders verhält es sich mit der geträumten kirchlichen Einheit. Es ist eitle Vorspiegelung, auf schlauer Berückung von der einen und auf grobem Versehen von der andern Seite beruhend, wenn sich der russische Zar als gebornen Schutz- und Schirmherrn der orientalischen Christen in der Türkei ansehen läßt. Die russische Kirche ist ihrem Ursprunge und Begriffe nach Staats- und Gebietskirche im eigentlichsten Sinne, so gut wie die hellenische; über die Gränzen des moskowitischen Reiches hinaus reicht die Macht des Patriarchen von Konstantinopel als nominellen Hauptes der gesammten orientalischen Kirche, aber nicht die Gewalt der heiligen Synode von St. Petersburg und ihres Herrn und Gebieters, des Selbstherrschers aller Reußen. Die Anhänger des griechischen Ritus im türkischen Reiche stehen zu der russischen Kirche in gar keiner Beziehung, sondern stehen auch in dieser Hinsicht viel näher unseren orientalischen Griechen, da für die einen wie für die andern, wenn von einer hierarchischen Unterordnung die Rede wäre, nur der Patriarch von Constantinopel in Frage kommen könnte. Der Anknüpfungspunkte zwischen Oesterreich und den christlichen Unterthanen der europäischen Türkei sind daher so viele und so nahe liegende, daß man sie nur zu kennen, zu beachten, zu verwerthen braucht, um aus unsern Gränznachbarn im Süden unsere besten Freunde zu machen, und um zu verhüten, daß sie, die nach allen ihren Verhältnissen die natürlichste Anlehnung an Oesterreich finden müßten, ihre Hoffnungen und Sympathien rings um unsere Gränzen herum nach Moskau und St. Petersburg tragen.

Es ist dieß keine bloße Utilitäts-, es ist dieß geradezu eine Existenzfrage für Oesterreich. Denn eins von beiden muß eintreten: diese Völker können mit uns gehen oder sie werden wider uns stehen. Gleichgiltigkeit, Theilnahmslosigkeit ist bei so naher territorialer, ethnographischer und confessioneller Berührung und bei dem dießseits und jenseits unserer Gränzen täglich kräftiger sich entwickelnden nationalen Bewußtsein nicht denkbar. Was es heiße, diesen Kranz von Völkern längs unserer ganzen südlichen Gränze wider uns zu haben, kann sich jeder, der Lust hat, selbst ausmalen; wir wagen es nicht einmal zu denken. Wollen wir sie dagegen auf unserer Seite haben, dann muß sich wohl unsere ganze Politik nach dieser Seite hin anders gestalten.

Kennen wir sie vorerst nur recht? Thun wir etwas ausgiebiges, sie kennen zu lernen, uns von ihnen kennen lernen zu machen? „In den abgelegensten Gegenden des Balkan", versicherte uns einer der Schriftsteller, die wir in der vorletzten Anmerkung genannt, „konnte ich es hören, vor einiger Zeit sei ein Engländer oder Franzose durchgereist, habe sich ein Russe hier aufgehalten; selbst Preußen sendet seine Leute aus und läßt sie Studien machen; nur von Oesterreichern, die vor mir dagewesen wären, wußte man von nichts zu erzählen." Unsere orientalische Akademie — deren ganze Einrichtung, nebenbei gesagt, eine durchaus überlebte ist — scheint keine Ahnung davon zu haben, daß es in den Ländern der Türkei noch andere Völkerstämme gebe, als Türken und Neugriechen. So kann es geschehen, daß Oesterreich in jenen Gebieten Vertreter seiner wichtigsten Interessen hat, die kein Wort romanisch, albanesisch oder slavisch verstehen und mit den Eingebornen nur durch Vermittlung ihrer natürlichen Feinde, der Türken, in Verkehr zu treten im Stande sind. Dabei wechselt Oesterreich seine Consularsbeamten zu häufig, während Rußland oder Frankreich die ihrigen mehrere Jahrzehente hindurch an einem Orte lassen, wo sie mit ihrer Umgebung und diese mit ihnen immer vertrauter werden. Wir hätten tausend Fäden in Händen, Beziehungen zu den unglücklichen Rajas anzuknüpfen; aber wir thun es nicht, und zumeist darum nicht, weil wir von dem, was wir thun könnten, keine Ahnung haben. Wie würde jeder andere Staat sich eine solche Nachbarschaft zu nutze machen! Frankreich sendet eine Expedition zur wissenschaftlichen Erforschung von Mexiko über das Weltmeer: wir haben auf dem Gebiete unseres eigenen Vaterlandes noch Entdeckungsreisen nöthig, geschweige denn jenseits seiner südlichen und östlichen Gränzen!

Das zweite, was Noth thut, ist, was wir schon früher besprochen: eine gesunde Nationalitäts-Politik. Die Völker sind in gewissem Sinne wie die Kinder; sie besitzen ein instinctives Erkennen, ob man es gut mit ihnen meint. Wenn wir unseren Nationalitäten gewähren und fördern, was ihnen zu ihrer Entwiklung dienlich ist; wenn wir dem Grundsatze der

Selbstverwaltung jede mit dem Wohle des Ganzen verträgliche Anwendung gönnen, so wird und muß die Folge davon sein, daß nicht unsere Völkerstämme den verlangenden Blick nach außen richten, sondern daß die auswärtigen, mit jenen verwandten, unsere Zustände preisen, sich nach ihnen sehnen, die Annäherung an uns anstreben. Das ist so klar, daß es nur gesagt zu werden braucht, um auch schon bewiesen zu sein.

Es ist aber noch ein drittes, worauf es ankommt. Einer Bevölkerung gegenüber, bei der sich ein niedriger Grad von Bildung mit einem starken Autoritätsgefühle verbindet, thut Sicherheit, Folgestrenge, Entschlossenheit im Auftreten das meiste. Unsere Haltung im Oriente war aber im letzten Halbjahrhundert im allgemeinen das gerade Gegentheil von dem allen: schwankend im Ganzen, unsicher, weitwendig, zaghaft im Einzelnen. In der Levante ist der „kurze Proceß" in den meisten Fällen der sicherste Weg zum Ziele. Wer, von seinen Schutzbefohlenen um Beistand angerufen, inmitten von Zuständen, die aus Unordnung, Käuflichkeit, Willkühr, Anmaßung und Ohnmacht zusammengesetzt sind, ängstlich nach dem Anfang des Anfangs sucht und zaudernd alle Möglichkeiten abwägt, um nur ja, indem man der eigenen Partei zu dem ihrigen verhelfen möchte, der andern kein Haarbreit nahe zu treten, der verliert gewiß. Es heißt: Besser Unrecht leiden als Unrecht thun. Ein unbestrittener Satz der Moral! Aber in der auswärtigen Politik ist, wenn keine andere Wahl bleibt, Unrecht thun immer besser als Unrecht leiden. Nicht als ob man darauf ausgehen sollte Unrecht zu thun; allein ein ehrlicher Mann unter lauter — Annexionisten wird stets den kürzern ziehen. Die übermäßige Vorsicht und Sorgfalt, lieber die eigenen Schutzbefohlenen zur Ruhe zu verweisen oder den sich ihrer annehmenden kaiserlichen Behörden Ruhe zu gebieten, als nach irgend einer Seite hin im geringsten anzustoßen, hat unserem Ansehen in der Levante in einer Weise geschadet, die aller Beschreibung spottet. Wir haben in den letzten Jahren allerdings von keinen so grellen Vorgängen vernommen. Allein, wenn man früherer Zeit zu hören bekam, daß oft genug die Angehörigen viel geringerer Staaten vor den unsrigen die beflissene Willfährigkeit der türkischen Behörden voraus hatten, oder daß wohl gar österreichische Angehörige sich unter den Schutz von Vertretern anderer Mächte stellten, um ihren Ansprüchen Geltung zu verschaffen, so mußte jedem österreichischen Patrioten die Schamröthe und die Zornesgluth in's Gesicht steigen. Es ist seit Jahren die Klage laut, unser Consularwesen bedürfe einer durchgängigen Neugestaltung. Andere werfen sich auf die Personalfrage, indem sie meinen, mit Functionären, wie die gegenwärtigen, im schlaffen Schlendrian alt gewordenen, werde auch die beste Reform keine Früchte bringen. Unserer Ansicht nach ist der Sitz des Uebels wo anders zu suchen. Unsere besten Functionäre im Orient mußten entmuthigt werden, wenn sie bei jedem energischen Schritt, zu dem sie nach ihrer Kenntniß der Sachlage bereit waren, nachträgliche

Desavouirung zu fürchten hatten oder wenn Vorschläge und Pläne, die sie mit Opfern an Zeit und Mühe im Interesse unserer Regierung machten, einfach zu den Acten gelegt wurden und auf's höchste ein **Fleißzettel** der Lohn ihrer Anstrengungen war. Wie machen es andere Staaten? Frankreich und England werden ihre Vertreter ohne die allerwichtigste Ursache nie fallen lassen. Rußland nimmt sich um die orientalischen Christen, zu deren berufenem Beschützer es sich eigenmächtig aufgeworfen, durch dick und dünn an. Es mag das unter gewissen Umständen zu weit gegangen sein; aber die Rücksichtsfülle und Unentschiedenheit des andern Extrems ist unter allen Umständen schädlich. Wir beklagen uns über die Charakterlosigkeit der Serben, über die Falschheit der Montenegriner in ihrer Haltung gegen uns. Haben wir ein Recht dazu, wenn wir selbst ihnen bald ein freundliches, bald ein trotziges Gesicht zeigen? wenn wir sie heute beschützen und morgen ihnen drohen? wenn wir uns jetzt um sie annehmen, dann wieder sie und ihre Beschwerden ihrem Schicksale überlassen?

Oesterreich hat — eine Periode der Kaunitz'schen Thätigkeit ausgenommen — zu keiner Zeit Annexionspolitik getrieben und soll auch jetzt nicht seinen alten ehrenhaften Traditionen untreu werden. Aber Oesterreich in seiner guten Zeit hat der Levante gegenüber stets a c t i v e Politik getrieben, während wir uns seit dem Ende des vorigen Jahrhunderts, die erwähnten vereinzelten und durch ihre Erfolge doch so aufmunternden Kraftäußerungen abgerechnet, mit einer p a s s i v e n begnügten. Wir beobachten, wir lassen die Dinge an uns herankommen, wir warten in allen Stücken. Die Sprache, sagen die Diplomaten, sei dem Menschen gegeben, um seine Gedanken zu verbergen. Aber man muß erst welche zu verbergen haben! Die Sprache unserer orientalischen Politik seit dem Sistower Frieden ist, so will uns bedünken, niemals in diese Verlegenheit gerathen. Und doch denken alle Wahrzeichen, alle Thatsachen, alle Verhältnisse klar genug, welche Straße wir in dieser Richtung zu wandeln haben. Noch ist in unseren südlichen Nachbarländern der Drang nach „europäischer" Bildung kaum erwacht; noch blicken sie mit mißtrauischer Abneigung auf alles, was ihnen durch „schwäbische" Eindringlinge „von drüben" gebracht wird. Das wird aber nicht immer so bleiben. Der weltgeschichtliche Gang der Bildung und Gesittung läßt sich nicht aufhalten und die ö s t e r r e i c h i s c h e n Gebiete und Nationen, wenn unsere Politik den richtigen Weg einschlägt, werden es sein, die jenen urwüchsigen Völkern aus stammesverwandter Hand bieten können, was sie brauchen. Mit dem Panslavismus hat es auf dem illyrischen Dreieck glücklicherweise seine weiteren Wege als man meint. Der Serbe träumt nicht von einem russischen Statthalter, sondern von einem einheimischen Zar. Die Moldau verwünscht vielleicht die ihr halb aufgedrungene Einverleibung mit der Walachei; aber sicher ist es nicht die Einverleibung mit Bessarabien, die sie anstrebt. Auch u n s kann es daher zunächst nicht auf Hinausrückung unserer Gränzen in Gebiete ankommen, die ein neues selbstständiges hoffnungsvolles Dasein gewonnen haben. Wir brauchen nicht Bosnien und die Herzegowina zu erobern, um unserem schmalen, trocken gelegten dalmatischen Küstenstriche ein belebendes fruchtbares Hinterland zu gewinnen. Aber aufrichtige und innige Bundesfreundschaft; lebendiger Wechselverkehr zwischen unseren und jenen entwicklungsfähigen gränznachbarlichen Gebieten; beiden Theilen zusagendes Ineinandergreifen der gegenseitigen Straßen-, Eisenbahn- und Telegraphenzüge; Zoll- und Handelseinigung, das sind die Zielpunkte, welche unsere Politik zu verfolgen und unabläßig im Auge zu behalten hätte. Sollten es im Laufe der Zeit die Ereignisse bringen, daß einzelne jener Gebiete sich uns freiwillig anschlößen, wie einst, vom Gange der Geschichte dazu getrieben, die Kronen von Ungarn und von Böhmen einander aufsuchten und vereinigt mit den österreichischen Stammländern des Hauses Habsburg einen ewigen Bund eingingen, dann werden die Großmächte Europa's, nach andern Seiten hin ihre Macht und Größe suchend, uns unsern Gewinn nicht neiden; sie werden uns ihn, im wohlverstandenen eigenen Interesse gönnen.

Rußlands Macht kann, ohne das Gleichgewicht unseres Welttheils zu stören, über den Pruth hinaus keine Erweiterung erfahren. Die südslavischen und romanischen Gebiete der Türkei sind der Boden, wo Rußlands und Oesterreichs Interessen miteinander in Zusammenstoß gerathen müßten, wenn jenes an seiner bisherigen Politik festhielte. Uns ist, wie wir bereits früher aussprachen, schon um der Gränznachbarschaft willen, Rußlands Freundschaft lieber als Rußlands Feindschaft. Wäre aber die erstere nur dadurch zu erkaufen, daß wir ihm die vitalsten unserer Interessen zum Opfer brächten und uns selbst die Ader unterbänden, die uns die Donau hinab mit dem schwarzen Meere verbindet, dann müßten wir uns über die letztere zu trösten suchen.

www.ingramcontent.com/pod-product-compliance
Lightning Source LLC
Chambersburg PA
CBHW031418160426
43196CB00008B/988